本书由中央财政支持地方高校发展专项资金提供资助

WAIHUI JIAOYI LILUN
ANLI YU SHIWU

# 外汇交易理论、案例与实务

▶ 主　编　杨　柳

▶ 副主编　唐晓玲

重庆大学出版社

## 内容提要

本书主要从理论介绍、案例分析和实务操作上重点研究外汇交易、外汇汇率分析、外汇风险防范、外汇投资技巧与交易管理等问题,使读者能较全面地了解和掌握外汇交易的方式与技巧及防范外汇风险的方法,掌握外汇行情的分析与预测技术,为参与外汇市场、进行外汇投资打下良好的理论基础,帮助读者树立牢固的外汇风险意识。本书共8章:第一部分为理论与案例篇,从第1章至第6章,包括外汇交易基础知识、即期外汇交易、远期外汇交易、外汇掉期交易、外汇期货交易以及外汇期权交易;第二部分为实务与案例篇,从第7章至第8章,包括外汇交易的基本分析和技术分析。每章都配有引导案例、案例分析以及练习题。

本书既可作为高等院校财经类专业的教材,也可作为投资者学习外汇交易知识的参考书,相信它可以成为诸多初级外汇交易者有价值的参考工具。

**图书在版编目(CIP)数据**

外汇交易理论、案例与实务 / 杨柳主编. -- 重庆:
重庆大学出版社,2018.8(2021.7重印)
ISBN 978-7-5689-0839-9

Ⅰ.①外… Ⅱ.①杨… Ⅲ.①外汇市场—基本知识
Ⅳ.①F830.92

中国版本图书馆 CIP 数据核字(2017)第 257208 号

**外汇交易理论、案例与实务**

主 编 杨 柳
副主编 唐晓玲
策划编辑:尚东亮

责任编辑:杨 敬 何 敏   版式设计:尚东亮
责任校对:姜 凤        责任印制:张 策

＊

重庆大学出版社出版发行
出版人:饶帮华
社址:重庆市沙坪坝区大学城西路 21 号
邮编:401331
电话:(023) 88617190  88617185(中小学)
传真:(023) 88617186  88617166
网址:http://www.cqup.com.cn
邮箱:fxk@ cqup.com.cn(营销中心)
全国新华书店经销
重庆升光电力印务有限公司印刷

＊

开本:787mm×1092mm  1/16  印张:12.25  字数:277千
2018 年 8 月第 1 版   2021 年 7 月第 2 次印刷
ISBN 978-7-5689-0839-9  定价:35.00 元

本书如有印刷、装订等质量问题,本社负责调换
版权所有,请勿擅自翻印和用本书
制作各类出版物及配套用书,违者必究

# 前言
## PREFACE

　　外汇市场作为一个国际性的资本投资市场，其历史要比股票、黄金、期货、利息市场短得多，然而它却以惊人的速度迅速发展。时至今日，全球外汇市场每天的交易额已达 5 万亿美元，其规模已远远超过股票、期货等其他金融产品市场，已成为当今全球最大的金融市场。外汇交易市场也是世界上最规范的市场，吸引了成千上万的投资者介入。在国内，随着个人外汇存款的增加、投资意识的增强，各地个人外汇买卖业务也迅速发展。

　　30 年前，全球外汇市场还是以进出口贸易为主，而今天投机性外汇交易却已超过了外汇交易量的 90%；10 年前，我国的外汇储备才刚刚达到 1 万亿美元，而如今却已激增至 3 万亿美元，巨大的热钱还在不断地寻找机会进入我国。外汇市场的发展速度是任何一种投资市场都无法比拟的，外汇交易作为国际上较成熟的交易方式，是当之无愧的最佳投资渠道。

　　本书通过由浅入深的知识展露和系统完善的章节构架，以及浅显易懂的语言文字，向读者展示了作为一个外汇交易者必需具备的知识要点和操作技巧，使广大交易者能科学合理地规划自己的投资方向和目标，避免盲目入市和随意操作。本书从理论分析和实务操作上重点介绍外汇、外汇市场、外汇交易形式、外汇交易分析等问题，使投资者能较全面地了解和掌握外汇交易的方式与技巧，掌握防范外汇风险的方法，掌握外汇行情的分析与预测技术，为其参与外汇市场、进行外汇投资打下良好的理论基础，帮助投资者树立牢固的外汇风险意识。本书既可作为高等院校财经类专业的教材，也可作为投资者学习外汇交易知识的参考书，相信它可以成为诸多初级外汇交易者有价值的参考工具。

　　我们结合长期的教学实践，总结多年的外汇交易经验，搜集和整理了大量教学资料和案例，编写了本书。其中唐晓玲老师编写了第 1—6 章，杨柳老师编写了第 7 章和第 8 章，杨佳妮老师编写了各章案例部分。

　　由于编者常识所限，书中难免会有疏漏和不妥之处，希望读者和同行专家学者批评指正，我们也会在未来的修订中认真吸取，使本书不断完善。

编　者

2018 年 4 月

# 目录
CONTENTS

## 理论与案例篇

# 实务与案例篇

理论与案例篇

# 第1章 外汇交易基础知识

**引例：吴某通过地下钱庄非法买卖外汇案**

2014年3—12月，浙江籍个人吴某通过其控制的某公司离岸账户（OSA），按照地下钱庄经营者季某的指令，先后118次将总计3 043.37万美元转入地下钱庄控制的离岸美元账户，从中牟取非法利益。吴某上述行为违反了《结汇、售汇及付汇管理规定》（银发〔1996〕210号）第三十二条的规定，属于非法买卖外汇行为。根据《中华人民共和国外汇管理条例》第四十五条，外汇局对其作出罚款212.5万元人民币的行政处罚。（资料来源：国家外汇管理局）

**思考：**什么是结汇、售汇？个人结汇、售汇应遵守怎样的规定？

## 1.1 外汇市场概述

投资者要进行外汇买卖，就必须进入外汇市场，从而需要对外汇市场有所了解。

### 1.1.1 外汇市场的概念及类型

#### 1）外汇市场的概念

外汇市场（foreign exchange market）是进行外汇买卖的场所或交易网络，是国际金融市场的重要组成部分。关于外汇市场概念的把握要注意以下3点。

①外汇市场买卖双方并非一定在一个固定时间集中于固定场所进行外汇买卖，买卖双方可以通过电话、电传或电报以及其他通信系统等各种方式进行外汇买卖。可以说，外汇市场既是一个固定的、有形的场所，又是一种交易网络。

②外汇市场买卖双方可以在几个市场上通过现代通信工具进行外汇交易，外汇买卖双方不受时间和地点的限制。

③当今外汇市场交易的币种比较集中，交易量十分巨大。交易币种主要是美元、欧元、英镑、日元以及瑞士法郎等，日交易量超过2万亿美元。

**2）外汇市场的类型**

（1）按交易主体的不同来划分，可分为外汇批发市场和外汇零售市场

①外汇批发市场。外汇批发市场是指外汇银行为了扎平其外汇或资金头寸，从事抛补交易或金融性交易的外汇市场。包括同一外汇市场上各银行之间的外汇交易、不同市场上各银行之间的外汇交易、中央银行同商业银行之间的外汇交易、各国中央银行之间的外汇交易。这个市场的特点是交易额度大、交易起点高。

②外汇零售市场。外汇零售市场是指外汇银行与一般客户之间的外汇买卖市场，包括外汇银行同因商品进出口而产生的贸易外汇供求者、一般金融交易者、资金跨国间的汇赠者等进行的外汇交易。相对于批发市场而言，这个市场的交易规模较小。

（2）按交割时间来划分，可分为即期外汇市场和远期外汇市场

①即期外汇市场。即期外汇市场又称现汇交易市场，是指外汇买卖成交后，在两个营业日内办理交割的外汇交易市场。即期外汇市场一般没有固定的场所，通常是在经营外汇业务的银行、大公司、外汇经纪人和客户之间通过电话、电传、电报或计算机网络进行。

②远期外汇市场。远期外汇市场又称期汇市场，是指外汇交易时，买卖双方签订外汇远期合约，然后在约定的将来某个时日，按合约规定的汇率和金额进行实际的交割。

（3）按组织形态划分，可分为有形外汇市场和无形外汇市场

①有形外汇市场。有形外汇市场是指具有固定地点、固定交易时间集中交易的场所，这种市场一般由外汇业务经营的各方，在规定时间内集合于交易所内进行外汇交易。由于欧洲大陆国家的外汇市场多数采用这种交易方式，因此又称为大陆式外汇市场。典型的代表有法国的巴黎外汇市场、比利时的布鲁塞尔外汇市场、德国的法兰克福外汇市场、荷兰的阿姆斯特丹外汇市场。

②无形外汇市场。无形外汇市场是指没有固定的交易场所，也没有确定的交易时间，买卖双方采用现代化电子设备和计算机终端完成外汇交易。在这种市场中，所有的交易都是通过连接银行与外汇经纪人或客户的电话、电传、电报或计算机网络进行。由于英美国家的外汇市场主要采用这种交易方式，因此又称为英美式外汇市场。典型的代表有伦敦外汇市场、纽约外汇市场、苏黎世外汇市场、加拿大外汇市场、东京外汇市场等。由于伦敦、纽约、东京是目前世界上最大的外汇市场所在地，因此在一般意义上，人们将典型的外汇市场理解为这种抽象的无形外汇市场。

（4）按外汇市场的经营范围划分，可分为国际外汇市场和国内外汇市场

①国际外汇市场。国际外汇市场和无形外汇市场基本上是一种市场的两个角度，是发达的、基本上完全自由的外汇交易市场，不受所在国金融管制，实行货币自由兑换并且容许各国交易方自由参与买卖。其基本特征是：交易货币包括多种国际上自由兑换的货币；交易主体可以是本国的供需方，也可以是外国的凭借现代通信设施参与的交易方。国际外汇市场主要有伦敦、纽约、东京、法兰克福、新加坡、苏黎世、中国香港等外汇市场。

②国内外汇市场。国内外汇市场是指本国金融管制较严的外汇市场，这种市场一般是发展中国家的外汇市场。其基本特征是：交易币种较少，限于本币和少数几种外币的交易；

交易主体限于境内国家允许的金融和非金融机构。

### 1.1.2 外汇市场的参与者

外汇市场的参与者是由外汇供给者和外汇需求者组成,这些参与者出于各自交易目的进行外汇买卖,主要有外汇银行、中央银行、外汇经纪人、外汇的最终需求者与供给者。

**1)外汇银行**

外汇银行是外汇市场上最重要的参与者,是外汇市场上外汇供求的媒介。它是指由各国中央银行指定或授权经营外汇业务的银行,通常包括:经营外汇为主要业务的本国银行,兼营外汇业务的本国银行和在本国的外国银行分行,经营外汇业务的其他金融机构。外汇银行在外汇市场的经济功能主要是:①为客户提供外汇买卖的金融服务,如外币存贷业务、汇兑业务、外汇信用证业务等;②从事银行间的外汇调整交易,以便扎平因与客户外汇交易产生的外汇超买或超卖,避免汇率和流动性风险;③充当造市者,形成对客户交易的汇率,以及在造市过程中进行套汇与套利投机,以便获得利润。

**2)中央银行**

中央银行是外汇市场上另一个重要的参与者,其参与外汇买卖活动的目的不是盈利,而是稳定外汇市场及本币汇率,使本币汇率朝着有利于本国经济发展的方向变动。各国的中央银行随时密切关注外汇市场的情形和本币汇率的变动情况,分析各种影响因素后,做出是否进行外汇市场干预的决定。中央银行干预外汇市场通常通过外汇经纪人或指定的外汇银行进行,根据市场的情况做出冲销或非冲销操作以影响外汇市场。中央银行影响外汇市场主要有两个途径:①通过外汇买卖直接干预汇率。中央银行经常通过购入或抛出某种国际性货币,而对外汇市场进行直接干预,此举的目的是把本币汇率稳定在一个希望的水平上或幅度内,也是为了实现本国货币金融政策的意图;②通过政策和法规间接干预汇率。中央银行通过制定和颁布一系列法规和条例,甚至一些临时的管理办法,来防止外汇市场的违法和操纵行为,以维持正常的市场秩序。

**3)外汇经纪人**

外汇经纪人是指为外汇交易双方介绍交易以获取佣金的中间商,其主要任务是利用所掌握的外汇市场各种信息及与外汇银行所建立的长期密切关系,向外汇买卖双方提供信息,以促进外汇交易的顺利进行。外汇经纪人一般有3类:①一般经纪人,即那些既充当外汇交易中介又亲自参与外汇买卖以赚取利润者;②跑街经纪人,即那些本身不参与外汇买卖而只充当中介赚取佣金的经纪人;③经纪公司,指那些资本实力较为雄厚,既充当外汇银行之间外汇买卖的中介,又从事外汇买卖业务的公司。

**4)外汇的最终需求者与供给者**

外汇的最终需求者与供给者是指外汇市场上出于各种目的而出售外汇的供应者和购买外汇的需求者,主要包括:在国际贸易中,为了进行国际结算而进行外汇买卖的进出口商;对外投资者、向外筹资者;国际工程承包者、跨国技术转让者;国际旅游者、侨民汇款者、国际捐赠者;外汇投机者;等等。

### 1.1.3　外汇市场的功能

**1)实现各国货币购买力国际间的转移**

国际贸易和国际资金融通至少涉及两种货币,而不同的货币对不同的国家形成购买力,这就要求将本国货币兑换成外币来清理债权债务关系,使购买行为得以实现。外国货币的购买力在本国得以实现必须借助外汇市场,通过本币实现其购买力。因此,外汇市场有转移国际购买力的功能,实现各国货币购买力国际间的转移是外汇市场的基本功能。

**2)清算国际间的债权、债务以及提供国际间资金融通**

通过外汇市场,国际间的交易、投资和借贷所产生的债权、债务得以清偿,使国际支付及国际清算工作得以随时处理。同时外汇市场具有票据交换所的作用,沟通了国际间资金融通,可以把外汇市场作为资金融通市场的一部分,在外汇买卖的同时也向国际经济往来者提供了资金融通便利。

**3)规避汇率风险**

汇率的变动,对一些有未来支出与收入以外币表示的进出口商、投资者以及跨国企业等会产生汇率风险,他们在外汇市场上可以采用各种外汇交易来规避汇率风险,如通过外汇远期交易、外汇掉期交易、外汇期货交易、外汇期权交易等来达到套期保值的目的。

**4)提供投机机会**

外汇市场上的投机者,利用各国货币利率的差异和汇率的变动进行投机。例如,当投机者预测未来汇率的升值率大于两国货币利率差时,就通过借入高利率国家的货币购买低利率国家的货币从中套取汇差;反之,从中套取利差。

### 1.1.4　世界上主要的外汇市场

国际外汇的主要交易市场有英国伦敦、美国纽约、德国法兰克福、瑞士苏黎世、日本东京、中国香港以及中国内地外汇市场。这些外汇市场因时差的因素,成为全球统一的市场,其每日交易量在5万亿美元以上。

**1)伦敦外汇市场**

伦敦外汇市场是当今世界上最大的外汇交易市场。伦敦外汇市场是一个典型的无形市场,没有固定的交易场所,只是通过电话、电传、电报完成外汇交易。在伦敦外汇市场上,参与外汇交易的外汇银行机构约有600家,包括英国的清算银行、商人银行、其他商业银行、贴现公司和外国银行。在伦敦外汇市场上,约有250个指定经营商。在英国实行外汇管制期间,外汇银行间的外汇交易一般都通过外汇经纪人进行。1979年10月英国取消外汇管制后,外汇银行间的外汇交易就不一定通过外汇经纪人进行了。

伦敦外汇市场作为一个世界性的外汇中心,并无一个具体的外汇交易场所,它与欧洲大陆某些国家的外汇市场固定在一定的场所进行交易有所不同。在伦敦外汇市场,被批准的外汇经纪商,包括清算银行、商业银行、外国银行设在伦敦的分支行及其他金融机构之间,有十分完整的电讯网络设备、专用的对讲电话、灵敏的电子装置,迅速灵活地处理着各种即期和远期外汇买卖业务。1979年10月24日,英国政府宣布自即日起完全解除外汇管制,伦敦外汇市场成为基本上完全自由的市场,外汇交易量不断增长,并以交易效率高、货币种类多、交易设施先进和拥有一批训练有素的专门人才而闻名。

伦敦外汇市场经营一切可兑换货币的现货交易,也经营为期1年的期货交易。①现汇交易。在伦敦外汇市场上,大部分经营的是现货交易,即在外汇买卖成交后2天之内进行交割。如果外汇银行直接向客户买卖外汇,其交割日则在当天。在外汇行情表中,一般均标明两套不同的汇率:一种为上日幅度,即指前一天的最高与最低的行情;另一种为"本日收盘",即指当日收盘时的买价与卖价。在该市场上,英国银行与顾客进行交易的汇率,均以市场行情为依据,各银行的分支机构每天清晨都收到当天的汇率表,可在此幅度内自行变动,银行也可以从中收取手续费。②期货交易。外汇期货交易是在外汇买卖成交时,双方签订合约,规定按约定的时间进行交割。伦敦外汇市场上的期货交易预约的期限都按月计算,一般为1个月、3个月或半年,最长可达1年,通常以3个月较为普遍。

伦敦外汇市场由英格兰银行指定的外汇银行和外汇经纪人组成,外汇银行和外汇经纪人分别组成了行业自律组织,即伦敦外汇银行家委员会和外汇经纪人协会。伦敦作为欧洲货币市场的中心,大量外国银行纷纷在伦敦设立分支机构,目前有200多家银行从事外汇买卖,大多数是外国银行。伦敦外汇市场上,经营外汇买卖的银行及其他金融机构均采用了先进的电子通信设备,是欧洲美元交易的中心,在英镑、欧元、瑞士法郎、日元对美元的交易中,亦都占有重要地位。

**2)纽约外汇市场**

纽约外汇市场是重要的国际外汇市场之一,其日交易量仅次于伦敦。纽约外汇市场也是一个无形市场。外汇交易通过现代化通信网络与电子计算机进行,其货币结算都可通过纽约地区银行同业清算系统和联邦储备银行支付系统进行。由于美国没有外汇管制,对经营外汇业务没有限制,政府也不指定专门的外汇银行,几乎所有的美国银行和金融机构都可以经营外汇业务。但纽约外汇市场的参加者以商业银行为主,包括50余家美国银行和200多家外国银行在纽约的分支机构、代理行及代表处。

纽约外汇市场上的外汇交易分为3个层次:银行与客户间的外汇交易、本国银行间的外汇交易以及本国银行和外国银行间的外汇交易。其中,银行同业间的外汇买卖大都通过外汇经纪人办理。纽约外汇市场有8家经纪商,虽然有些专门从事某种外汇的买卖,但大部分还是同时从事多种货币的交易。外汇经纪人的业务不受任何监督,对其安排的交易不承担任何经济责任,只是在每笔交易完成后向卖方收取佣金。纽约外汇市场交易活跃,但和进出口贸易相关的外汇交易量较小。相当部分外汇交易和金融期货市场密切相关。美国的企业除了进行金融期货交易而同外汇市场发生关系外,其他外汇业务较少。

纽约外汇市场是一个完全自由的外汇市场,汇率报价既采用直接标价法又采用间接标价法,便于在世界范围内进行美元交易。交易货币主要是欧洲大陆、北美加拿大、中南美洲、远东日本等国货币。纽约外汇市场因历史原因,以往一直采用较为通用的直接标价法来表示外汇行市,即用一定单位的外国货币折合成若干数量的美元本币。自 1978 年以来,这种情况发生了变化,即对国内的外汇交易仍沿用直接标价法,但对在国际外汇交易中,美国银行使用了间接标价法,即以 1 单位美元为基准来折合若干数量外币表示,无论是升水或贴水,美元单位不变,只是外币数量发生相应的变化。1978 年,美国对外汇市场交易进行了 3 项改革:①改变了过去银行之间的外汇交易必须通过经纪人的做法,允许银行之间直接进行交易;②美国的外汇经纪人开始从事国际经纪活动,可以直接接受国外银行的外汇报价和出价;③改变外汇牌价的标价方法,由过去的直接标价法改为间接标价法,减少了汇率换算的不便。这些改革使纽约外汇市场的交易条件和方法得到改善,从而有力地推动了外汇市场业务的扩展。此外,欧洲大陆的一些主要货币(如英镑、欧元、瑞士法郎等),以及加拿大元、日元、港币等在纽约外汇市场也大量投入交易。目前,纽约外汇市场在世界外汇市场上占有重要地位,它实际上已成为世界美元交易的清算中心,有着世界上任何外汇市场都无法取代的美元清算中心和划拨的职能。外汇市场的开盘价和收盘价都是以纽约外汇市场为准的。北京时间凌晨 4:00,纽约外汇市场的最后一笔交易价格就是前一天的收盘价,此后的第一笔交易就是当天的开盘价。

目前,纽约外汇市场的参加者主要包括:美国联邦储备系统的成员银行和非成员银行,外国银行在纽约的分支机构,以及外国建立的代理行和代表处,此外还包括一些外汇经纪商等。著名的中资机构有中国银行纽约分行。

### 3)法兰克福外汇市场

法兰克福是德国中央银行(德国联邦银行)所在地。由于长期以来实行自由汇兑制度,随着经济的迅速发展、欧元地位的提高,法兰克福遂逐渐发展成为世界主要外汇市场。

法兰克福外汇市场分为定价市场和一般市场。定价市场由官方指定的外汇经纪人负责撮合交易,他们分属法兰克福、杜塞尔多夫、汉堡、慕尼黑和柏林 5 个交易所,他们接收各家银行外汇交易委托,如果买卖不平衡汇率就继续变动,一直变动到买汇和卖汇相等,或中央银行干预以达到平衡,定价活动才结束,时间大约在上午 12:45。中央银行干预外汇市场的主要业务是美元对欧元交易,其中 70% 为即期外汇,30% 为远期外汇,有时也有外币对外币之间的汇率变动进行干预。

外汇经纪人除了撮合当地银行外汇交易外,还随时与各国外汇市场联系,促进德国与世界各地的外汇交易活动。在法兰克福外汇市场上交易的货币有美元、英镑、瑞士法郎、欧元等。

### 4)东京外汇市场

东京外汇市场是一个无形市场,交易者通过现代化通信设施联网进行交易。

日本过去实行严格的外汇管制,20 世纪 50 年代后,逐渐放松外汇管制。从 70 年代起,东京外汇市场有了很大发展,经营业务较为多样化,涉及范围也与以前大不相同。但还是不能像伦敦和纽约外汇市场那样,成为一个真正的国际性的金融市场,只是一个地区性的外汇市场。这是由于日本是个出口贸易占国民经济比重较大的国家,外汇波动对其整个国民经济的影响十分巨大,如果外汇发生供不应求的现象,则将导致外汇汇率上升,日元汇率下降,国内物价随之上涨的危险。日本政府为防止汇率波动,不得不采取一定的干预市场的措施,这就是日本外汇市场上的平衡管理。80 年代以来,日本政府力图使日元走向国际化,摆脱东京外汇市场地区性限制的羁绊,使之与日本在世界经济中的实力地位相适应,在 1980 年修改了战后初期制定的《外贸和外汇管理法》,改变过去只有经过政府批准的外汇银行和经纪商才能经营外汇业务的规定,使所有银行都可在国内经营外汇业务。因此外汇市场有了较快发展,与纽约外汇交易市场规模的差距越来越小。

东京外汇市场进行交易的货币种类较为单一,目前市场上最大宗的交易仍是日元美元互换买卖,这是因为日本贸易多数以美元计价,日本海外资产以美元资产居多。后由于美国经济增长缓慢,日元对美元的交易增幅下降,日元对欧元交易量大幅增加。日本是个典型的出口加工型国家,因此东京市场受进出口贸易集中收付的影响较大,也就是说该市场具有明显的季节性特点。还由于日本工商业界习惯在月末和企业结算期间进行结算,出口换汇时间比较集中。

东京外汇市场的交易者是外汇银行、外汇经纪商、非银行客户和日本银行。交易时间为北京时间 8:00—14:30。东京外汇市场的交易品种比较单一,主要是美元/日元、欧元/日元。在交易中,一般行情比较平淡,但是大家在日后的交易中,一定要注意日本出口商的投机作用,有时由于日本出口商的投机,使日元在汇市上出现大幅的波动。

东京外汇市场的外汇交易可分为 3 种:①即期外汇银行与客户之间的交易;②外汇银行之间的交易;③本国外汇银行与外国银行之间的交易。以外汇的交割期限来划分,分为即期交易、远期交易和掉期交易。东京外汇市场上,银行同业间的外汇交易可以通过外汇经纪人进行,也可以直接进行。日本国内的企业、个人进行外汇交易必须通过外汇指定银行进行。

### 5)香港外汇市场

香港外汇市场是 20 世纪 70 年代以后发展起来的国际性外汇市场。自 1973 年香港取消外汇管制后,国际资本大量流入,经营外汇业务的金融机构不断增加,外汇市场越来越活跃,发展成为国际性的外汇市场。

香港外汇市场是一个无形市场,没有固定的交易场所,交易者通过各种现代化的通信设施和计算机网络进行外汇交易。香港地理位置和时区条件与新加坡相似,可以十分方便地与其他国际外汇市场进行交易。香港外汇市场的参加者主要是商业银行和财务公司。该市场的外汇经纪人有 3 类:当地经纪人,其业务仅限于香港本地;国际经纪人,是 20 世纪 70 年代后将其业务扩展到香港的其他外汇市场的经纪人;香港本地成长起来的国际经纪人,即业务已扩展到其他外汇市场的香港经纪人。

市场参与者分为商业银行、存款公司和外汇经纪商三大类型。商业银行主要是指由汇丰银行和恒生银行等组成的汇丰集团、外资银行集团等。市场交易绝大多数在银行之间进行,约占市场全部业务的 80%。存款公司作为独特的金融实体对香港外汇市场的发展起到一定的积极作用,在暂停申请新银行许可证时期(1975—1978 年),存款公司是在香港设立银行的间接方式。香港外汇市场上有 1 家外汇经纪商,它们是香港外汇经纪协会的成员,会员资格使它们得到了香港银行公会的认可。香港166家持有许可证的银行只允许与香港外汇经纪协会的会员进行交易。该外汇市场上多数交易是即期交易,远期交易和掉期交易约占20%。

20世纪70年代以前,香港外汇市场的交易以港币和英镑的兑换为主。20世纪70年代后,随着该市场的国际化及港币与英镑脱钩与美元挂钩,美元成了市场上交易的主要外币。香港外汇市场上的交易可以划分为两大类:一类是港币和外币的兑换,其中以和美元兑换为主。另一类是美元兑换其他外币的交易。

# 1.2　外汇与汇率

世界各外汇市场交易的货币虽然有所不同,但基本上是以美元、日元、欧元、英镑、澳大利亚元、加拿大元、瑞士法郎、新西兰元等货币为主。要进行外汇交易,必须弄清楚什么是外汇和汇率。

## 1.2.1　外汇

### 1)外汇的概念

概括地说,外汇指的是外币或以外币表示的用于国际间债权债务结算的各种支付手段。它的含义有动态和静态的划分。

(1)动态含义

动态含义是指国际汇兑,即把一国货币兑换成另一国货币,并利用国际信用工具汇往另一国,用以清偿国际间因经济贸易往来等而产生的债权债务关系以及进行资金转移活动的过程。

(2)静态含义

静态的外汇又有广义和狭义的划分。

广义外汇:泛指一切以外币表示的资产,主要用于各国的外汇管理条例之中。如我国2008年8月5日颁布实施的《中华人民共和国外汇管理条例》第三条对外汇的界定如下。本条例所称外汇,是指下列以外币表示的可以用作国际清偿的支付手段和资产:①外币现钞,包括纸币、铸币;②外币支付凭证或者支付工具,包括票据、银行存款凭证、银行卡等;③外币有价证券,包括债券、股票等;④特别提款权;⑤其他外汇资产。

狭义外汇:指以外币表示的可直接用于国际结算的各种支付手段。主要用于日常工作和生活,即日常所说的外汇是静态的、狭义的外汇。狭义的外汇主要指外币支付凭证或支付工具。

从以上定义可以发现:外汇和外币并不相等。一方面,并不是所有的外币都是外汇。一种外币要成为外汇,必须具备自由兑换性、普遍接受性和可偿性;另一方面,从广义外汇的角度来看,外汇除了外币以外,还包括外币支付凭证、外币有价证券等。从狭义外汇来看,外币不是外汇。

### 2)外汇的种类

外汇有多种分类方法。

(1)按其能否自由兑换来分,分为自由外汇、有限自由外汇和记账外汇

自由外汇是指不必经货币发行国当局批准,就可以自由兑换成其他货币,或者用于向第三国支付的外国货币及其支付手段。

记账外汇,又称"双边外汇""协定外汇",根据两国间的协定,在协议国之间使用,但未经货币发行国管理当局批准,不能兑换成其他国家货币,或用于向第三国支付。

有限自由外汇是介于自由外汇和记账外汇之间的,主要指一种货币在某些方面已经实现自由兑换,而在某些方面又存在一定的限制,如当前的人民币。

(2)按其来源和用途来分,分为贸易外汇和非贸易外汇

贸易外汇是由于商品进口和出口而发生的支出和收入的外汇。非贸易外汇是指除贸易外汇以外通过其他方面收付的外汇,如外商直接投资而带来的外汇。

(3)按外汇买卖的交割期不同来分,分为即期外汇和远期外汇

即期外汇,又称为现汇,是在国际贸易或外汇买卖中即期进行收付即成交后两个营业日之内办理交割的外汇。

远期外汇,又称为期汇,指在国际贸易或外汇买卖中,交易成立后不立即进行交割,而是在将来某一时间按合约规定的条件(价格、数量)进行交割的外汇。

在我国外汇银行业务中,还经常要区分外汇现钞和外汇现汇。外汇现钞是指外国钞票、铸币,主要由境外携入。外汇现汇是指其实体在货币发行国本土银行的存款账户中的自由外汇。

### 3)主要交易货币简介

(1)美元

美元是外汇交换中的基础货币,也是国际支付和外汇交易中的主要货币,在国际外汇市场上占有非常重要的地位。

货币名称:美元(United States Dollar)

发行机构:美国联邦储备银行(U. S. Federal Reserve Bank)

货币标准代码:USD

辅币进位:1 美元=100 美分(Cents)

钞票面额:1 美元、2 美元、5 美元、10 美元、20 美元、50 美元、100 美元 7 种。辅币有 1 美分、5 美分、10 美分、25 美分、50 美分等。

(2)欧元

货币名称:欧元(European Dollar)

发行机构:欧洲中央银行(European Central Bank)

货币标准代码:EUR

辅币进位:1 欧元=100 分(Cents)

钞票面额:5 欧元、10 欧元、20 欧元、50 欧元、100 欧元、200 欧元、500 欧元 7 种。辅币有 1 分、2 分、5 分、10 分、20 分、50 分和 1 欧元、2 欧元共 8 个面值。

(3)英镑

英镑曾是国际结算业务中计价结算使用最广泛的货币。第二次世界大战后,英国的经济地位不断下降,但因历史原因,英国金融业仍很发达,英镑在外汇交易中还占据相当重要的地位。

货币名称:英镑(Pound Sterling)

发行机构:英格兰银行(Bank of England)

货币标准代码:GBP

辅币进位:1 英镑=100 便士(Pence)

钞票面额:5 英镑、10 英镑、20 英镑、50 英镑 4 种。辅币有 1 便士、2 便士、5 便士、10 便士、20 便士、50 便士及 1 英镑、2 英镑共 8 个面值。

(4)日元

日本是第二次世界大战后经济发展最快的国家之一,日元也是第二次世界大战后升值最快的货币之一,在外汇交易中的地位也是比较重要的。

货币名称:日元(Japanese Yen)

发行机构:日本银行(Bank of Japan)

货币标准代码:JPY

钞票面额:500 日元、1 000 日元、5 000 日元、10 000 日元,铸币有 1 日元、5 日元、10 日元、50 日元、100 日元。

(5)瑞士法郎

因为瑞士奉行中立和不结盟政策,所以瑞士被认为是世界上最安全的地方,瑞士法郎也被称为传统避险货币,加之瑞士政府对金融、外汇采取的保护政策,使大量的外汇涌入瑞士,瑞士法郎也成为稳健的、受欢迎的国际结算与外汇交易货币。

货币名称:瑞士法郎(Swiss Franc)

发行机构:瑞士国家银行(Banque Nationale Suisse)

货币标准代码:CHF

辅币进位:1 瑞士法郎=100 生丁(Centimes)

钞票面额:纸币面额有 10 瑞士法郎、20 瑞士法郎、50 瑞士法郎、100 瑞士法郎、500 瑞士法郎、1 000 瑞士法郎,铸币有 1 瑞士法郎、2 瑞士法郎、5 瑞士法郎和 1 分、2 分、5 分、10 分、20 分、50 分。

(6)澳大利亚元

货币名称:澳大利亚元(Australian Dollar)

发行机构:澳大利亚储备银行(Reserve Bank of Australia)

货币标准代码:AUD

辅币进位:1 澳大利亚元＝100 分（Cents）

钞票面额:5 澳大利亚元、10 澳大利亚元、20 澳大利亚元、50 澳大利亚元、100 澳大利亚元。

（7）加拿大元

货币名称:加拿大元（Canada Dollar）

发行机构:加拿大银行（Bank of Canada）

货币标准代码:CAD

辅币进位:1 加拿大元＝100 分（Cents）

钞票面额:2 加拿大元、5 加拿大元、10 加拿大元、20 加拿大元、50 加拿大元、100 加拿大元、1 000 加拿大元。

### 1.2.2　汇率

**1）汇率的概念**

存在着不同的货币,就必然存在着它们之间进行兑换的比率问题。汇率又称汇价,是指以一种货币表示的另一种货币的相对价格,或者说是两国货币间的比价。因为银行每天都将汇价的变动情况用挂牌方式公布出来,所以汇率又称"外汇牌价"。

**2）汇率的标价方法**

汇率的标价方法即确定用哪个国家的货币作为标准,由于折算标准的不同,汇率就有两种标价方法:直接标价法和间接标价法。

（1）直接标价法

直接标价法,又称应付标价法,是以一定单位（1、100、1 000、10 000）的外国货币为标准来计算应付出多少单位本国货币。即固定外国货币的单位数量,以本国货币来表示这一固定数量的外国货币的价格。例如,我国 2015 年 11 月 19 日公布的外汇牌价中,每 1 美元价值人民币 6.379 1 元,这一标价方法就是直接标价法。

在直接标价法下,汇率的数值越大,意味着一定单位的外国货币可以兑换更多的本国货币,即外币的币值越高,本币的币值越低。

（2）间接标价法

间接标价法又称应收标价法,是以一定单位（如 1 个单位）的本国货币为标准,来计算应收若干单位的外国货币。即固定本国货币的单位数量,以外国货币来表示这一固定数量的本国货币的价格,从而间接地表示出外国货币的本国价格。例如,我国 2015 年 11 月 19 日公布的外汇牌价中,每 1 人民币价值马来西亚货币林吉特 0.681 45,这一标价方法就是间接标价法。

在间接标价法下,汇率的数值越大,意味着一定单位的本国货币可以兑换更多的外国货币,即外币的币值越低,本币的币值越高。

**3）汇率的种类**

汇率的种类极其繁多,按照不同的分类标准,可以有不同的种类。

（1）从外汇银行买卖外汇的角度，可以把汇率分为买入汇率和卖出汇率

买入汇率就是外汇银行买入外汇时使用的汇率，卖出汇率就是银行卖出外汇时使用的汇率。所谓买入和卖出都是从银行的角度出发，针对外汇而言的。

在通常情况下，银行报出的汇价中，都有两个数字，一个较小的数，放在前面；一个较大的数，放在后面，二者用斜线或者短横线隔开，这样的报价方法就是双向报价法。

在直接标价法下，小数是银行买入外汇的价格，即买入汇率；大数是银行卖出外汇的价格，即卖出汇率。如果是间接标价法就正好相反，大数是银行买入外汇的价格，小数则是银行卖出外汇的价格。

买入汇率和卖出汇率也可以是从银行的角度出发，针对基准货币而言。即不区分标价方法的情况下，较小的汇率是外汇银行买入基准货币的价格，较大的汇率就是外汇银行卖出基准货币的价格。如在表1-1中，澳大利亚元的现汇买入价是457.14，它表示中国银行买入100澳大利亚元需要付出457.14元人民币；澳大利亚元的现汇卖出价是460.36，它表示中国银行卖出100澳大利亚元可以收入460.36元人民币。在表1-1中，除了现汇买入价、现汇卖出价之外，还有现钞买入价和现钞卖出价，并且现钞买入价低于现汇买入价。现钞买入价、卖出价是银行买卖外钞的价格，其中现钞买入价低于现汇买入价的原因是：银行买入现钞要占用资金，需要保管、运输等，因此需要承担利息、保管费、运输费、保险费等。因此，现钞买入价一般是在现汇买入价的基础上扣除这些费用后的价格。

表1-1　2015年11月20日中国银行外汇牌价表
（单位：每100外币兑换人民币数量）

| 货币名称 | 现汇买入价 | 现钞买入价 | 现汇卖出价 | 现钞卖出价 |
|---|---|---|---|---|
| 澳大利亚元 | 457.14 | 443.04 | 460.36 | 460.36 |
| 加拿大元 | 477.9 | 463.15 | 481.74 | 481.74 |
| 瑞士法郎 | 626.36 | 607.03 | 630.76 | 630.76 |
| 丹麦克朗 | 91.29 | 88.47 | 92.03 | 92.03 |
| 欧元 | 681.48 | 660.45 | 686.26 | 686.26 |
| 英镑 | 971.53 | 941.55 | 978.35 | 978.35 |
| 港币 | 82.2 | 81.54 | 82.51 | 82.51 |
| 日元 | 5.17 | 5.0105 | 5.2064 | 5.2064 |
| 新西兰元 | 416.95 | 404.08 | 419.87 | 422.38 |
| 卢布 | 9.84 | 9.24 | 9.92 | 9.92 |
| 瑞典克朗 | 73.2 | 70.94 | 73.78 | 73.78 |
| 新加坡元 | 449.45 | 435.58 | 452.61 | 452.61 |
| 泰国铢 | 17.71 | 17.16 | 17.85 | 18.4 |
| 美元 | 637.02 | 631.92 | 639.58 | 639.58 |

数据来源：中国银行官方网站。

（2）从汇率制定的角度，可以把汇率分为基本汇率和套算汇率

一国在确定本国货币的汇率时，面对的外国货币很多，因此不能穷尽所有的外国货币，需要选择一个关键货币。基本汇率就是本国货币与所选定的关键货币之间的兑换比率。套算汇率，指用两种货币的基本汇率来套算出来的汇率。在目前，许多国家就把关键货币确定为美元，于是出现了美元标价法。如我国的基本汇率是美元与人民币之间的汇率，日本的基本汇率是美元与日元之间的汇率，瑞士的基本汇率是美元与瑞士法郎之间的汇率，等等。

至于套算汇率的套算方法，分两种情况说明。第一种情况是，两个基本汇率均采用中间价。此种情况下的汇率套算比较简单，直接利用数学的等量代换知识即可。

如已知：USD 1 = JPY 123. 20，USD 1 = CNY6. 370 2，要套算日元与人民币之间的汇率

则有 JPY 100 = CNY 100÷123. 20×6. 370 2 = CNY5. 17

再如已知：EUR 1 = USD 1. 082 5，USD 1 = CNY6. 370 2，要套算欧元与人民币之间的汇率

则有 EUR 1 = CNY1. 082 5×6. 370 2 = CNY6. 895 7

第二种情况是，两个汇率均采用双向报价。此种情况下的汇率套算要复杂一些，可根据以下原则进行：①基准货币相同而标价货币不同，或者基准货币不同而标价货币相同，采用交叉相除的方法；②基准货币和标价货币均不相同，但涉及同一种货币，则采用同边相乘。

如已知：USD 1 = JPY 123. 20/80，USD 1 = CNY6. 370 2/52，要套算日元与人民币之间的汇率。这两个汇率就是基准货币相同而标价货币不同，就将分隔线前后的数据进行交叉相除。则有：

JPY1 = CNY6. 370 2÷123. 80/6. 375 2÷123. 20 = CNY0. 051 5/0. 051 7

再如已知：EUR 1 = USD 1. 082 5/45，USD 1 = CNY6. 370 2/52，要套算欧元与人民币之间的汇率。这两个汇率属于基准货币和标价货币均不相同，但都涉及美元，因此将分隔线前后的数据进行同边相乘。则有：

EUR1 = CNY 1. 082 5×6. 370 2/1. 084 5×6. 375 2 = CNY6. 895 7/6. 913 9

（3）按银行买卖外汇的交割期不同进行划分，可以分为即期汇率和远期汇率

即期汇率是指在外汇市场上，买卖双方成交后，在两个营业日内办理交割时所使用的汇率。远期汇率，指买卖远期外汇时所使用的汇率，即在未来时间办理交割时所使用的汇率。

远期汇率与即期汇率之间的差价用远期差价来表示，主要有升水、贴水和平价。外汇的远期汇率等于即期汇率时，称为"平价"；外汇的远期汇率高于即期汇率时，称为"升水"；外汇的远期汇率低于即期汇率时，称为"贴水"。

在直接标价法下，远期升水，则远期汇率为即期汇率加上升水数；远期贴水，远期汇率为即期汇率减去贴水数。在间接标价法下，远期升水，则远期汇率为即期汇率减去升水数；远期贴水，则远期汇率为即期汇率加上贴水数。

如在中国市场，某银行报出的外汇牌价为：

USD 1 = CNY6. 141 6/6. 142 4

若3个月期外汇升水10/15，则3个月远期汇率为：

$$USD 1 = CNY 6.142\ 6/6.143\ 9$$

若 3 个月期外汇贴水 15/10,则 3 个月远期汇率为:

$$USD 1 = CNY 6.140\ 1/6.141\ 4$$

在采用双向报价时,计算远期汇率也可通过经验法则来计算,即:远期差价为左小右大时,远期汇率等于即期汇率加上远期点数;远期差价为左大右小时,远期汇率等于即期汇率减去远期点数。

## 1.3　外汇交易程序

了解了外汇市场、外汇和汇率的相关知识后,想进行外汇交易还必须弄清楚外汇交易的基本程序。

### 1.3.1　银行同业间的外汇交易程序

银行同业间的外汇交易一般是由银行的外汇交易室通过路透交易系统、德励财经交易系统、电传或电话等来完成的。外汇交易室是银行专门从事外汇交易的部门,其工作人员都是从事外汇交易的专业技术人员,主要包括首席交易员、高级交易员、交易员、低级交易员、头寸管理员。

银行同业间的外汇交易程序通常是:

①询价(Asking)。询价行的交易员可通过路透交易机的键盘输入对方银行的英文代码、自己的行号并呼叫该银行,待叫通后,就可询价。询价的内容主要有交易种类、买卖货币的名称、金额和交割日等并要求对方报价。

②报价(Quotation)。报价行收到对方的询问电后应迅速报出询价行所要求货币的买入价与卖出价。报价行的买入价就是询价行的卖出价,反之亦然。

③成交(Done)。询价行若表示买入某种货币的价位和金额或卖出某种货币的价位和金额,然后报价行接受询价行的要求,即表示成交(OK,Done)。

④证实(Confirmation)。证实是指报价行复述询价行要求买入或卖出某种货币的汇价、金额、交割日期和提出资金清算指示,同时询价行也向报价行提出自己的资金清算指示。一旦双方确认交易内容无误,即可通过记录仪或打印机打印交易合约。然后,交易员根据交易内容填写交易单,并在头寸登记表上记录交易头寸。交易合约和交易单将作为清算机构进行资金清算和会计记账的凭证,而头寸登记表可以帮助交易员掌握头寸情况和盈亏变化,也便于事后核查。

⑤交割(Delivery)。即交易双方各自按照对方的要求,将卖出货币的金额及时准确解入对方指定的银行存款账户上。

随着电子信息系统在金融领域的广泛应用,一些银行的交易室已经采用先进的计算机风险管理系统,实现了"无纸化"操作。交易员无需填写交易单和头寸登记表,计算机联网的交易系统可以自动记录每一笔交易,并把交易头寸和盈亏情况显示出来。各级交易主管也能通过该系统随时了解其下属交易员的交易情况,可以更有效地进行风险管理。

### 1.3.2 通过外汇经纪人进行外汇交易的程序

大多数外汇市场上的外汇交易必须通过外汇经纪人来完成银行与银行或客户之间的外汇交易。询价行(客户)通过路透交易系统或电话直接呼叫外汇经纪人,请其报价,经外汇经纪人报价后,询价行(客户)即可决定买入或卖出某种货币,其中包括交易货币的汇价、金额、交割日以及清算指示等。一旦成交,外汇经纪人就可通过该笔交易的买卖双方进行货币交付并开除该笔交易佣金收取通知单。有时银行(客户)通过电话以订单形式通知经纪人,经纪人根据订单的要求进行外汇买卖,一旦买卖双方订单的要求获得满足即可达成成交。然后以电传的形式通知买卖成交的双方进行确认,确认无误后进行货币交付并开除该笔交易佣金收取通知单。

通过外汇经纪人进行外汇买卖的清算交割与银行间外汇交易的清算交割一样,即交易双方各自按照对方的要求,将卖出货币的金额及时准确解入对方指定的银行存款账户上。

## 案例分析

### 三大外汇市场经典案例

1973 年代表全球固定汇率体系的布雷顿森林体系彻底瓦解,1976 年国际货币基金组织(IMF)签订达成的《牙买加协议》确定了浮动汇率制度的合法地位。在各国普遍采取浮动汇率制度和放松金融管制的背景下,全球汇率波动日益剧烈,其中不乏经典的外汇市场案例,对管理外汇风险具有良好的借鉴与指导意义。

**1. "广场协议"导致日元升值**

1984 年,美国的经常项目赤字达到创纪录的 1 000 亿美元,美国与各国,尤其是与主要逆差来源国日本之间的贸易摩擦加剧。为此,美国希望通过美元贬值来增加产品的出口竞争力,以改善美国国际收支不平衡状况。1985 年 9 月,美国、日本、联邦德国、法国、英国 5 个发达国家的财长及央行行长,在纽约广场饭店举行会议,决定 5 国政府联合干预外汇市场,使美元对主要货币有序地下跌,以增加美国产品的出口竞争能力,解决美国巨额的贸易赤字,史称"广场协议"。"广场协议"导致美元持续大幅度贬值,其中受影响最大的是日元。1985 年 9 月,日元汇率还在 1 美元兑 250 日元上下波动;而在不到 3 年的时间里,美元对日元贬值了 50%,最低曾跌到 1 美元兑 120 日元。随后,日本经济进入十多年低迷期,被称为"失落的十年"。虽然日本经济持续萧条的根源在于经济结构的自身缺陷和日本政府错误的经济政策,但"广场协议"无疑也是日本经济持续萧条的重要因素之一。

**2. 索罗斯狙击泰铢**

1996 年,外国短期资本大量流入泰国房地产、股票市场,导致其楼市、股市出现了明显的泡沫,泰国资产被严重高估,国际金融大鳄们预测泰铢会贬值,开始在金融市场上寻找错误的汇率定价中的获利机会。1997年2月初,以索罗斯为主的国际投资机构向泰国银行借入高达150亿美元的数月期限的远期泰铢合约,而后于现汇市场大规模抛售。当时泰铢实行与美元挂钩的固定汇率制,索罗斯的狙击导致泰铢迅速贬值,多次突破泰国中央银行规定的汇率浮动限制,引起市场恐慌。泰国央行为维护泰铢币值稳定,买入泰铢,但只有区区300亿美元外汇储备的泰国中央银行历经短暂的战斗,便宣告"弹尽粮绝",最后只得放弃已坚持14年的泰铢钉住美元的汇率政策,实行有管理的浮动汇率制。泰铢大幅贬值后,国际投资机构再以美元低价购回泰铢,用来归还泰铢借款和利息。索罗斯沽空使得他狂赚数十亿美元。泰铢贬值引发了金融危机,沉重地打击了泰国经济发展,成为亚洲金融危机的导火索。

### 3. 美国量化宽松导致美元波动加剧

2008年11月,为应对美国次贷危机导致的经济衰退,美联储宣布将购买国债和抵押贷款支持证券(MBS),标志着首轮量化宽松政策(QE)的开始。在经济不景气的情况下推出QE可以向市场投放流动性,增加资本供应量,从而刺激内需,带动经济的发展。外汇市场对QE作出了激烈反应,美元指数大幅走弱。当第一轮QE宣布推出时,美元指数在1个月内走低12%,而各非美货币走势趋强。由于许多国家都持有占本国外汇储备比例很大的美国国债,此次超常规的量化宽松政策导致美国国债收益率下降,从而使相应持债国家的外汇资产存在非常大的贬值风险。随着美国经济形势改善,失业率逐渐向正常水平靠拢,美联储自2013年12月以来开始退出QE,市场流动性逐步趋紧,推动美元升值。由于美元全球储备货币的地位,美国国内货币政策的溢出效应给其他国家带来了风险。目前,已有相当多的国家采取战略性措施规避美元带来的风险,如通过货币互换协议绕开美元,直接采取双边货币进行结算。

当今不确定的地缘政治与经济气候导致对风险管理及套期保值工具的需求不断增长,丰富的产品对于寻求新工具来管理风险的投资组合经理、交易者、投资银行家、首席财务官、企业财务主管等来说越来越重要。

# 本章小结

1. 外汇市场是以外汇银行为中心,由外汇需求者、外汇供给者或买卖中间机构组成的外汇买卖的场所或交易网络,是国际金融市场的组成部分。外汇市场按交易主体的不同可分为外汇批发市场和外汇零售市场;按交割时间的不同可分为即期外汇市场和远期外汇市场;按组织形态的不同可分为有形外汇市场和无形外汇市场;按经营范围的不同可分为国际外汇市场和国内外汇市场。

2. 外汇是指外币或以外币表示的用于国际间债权债务结算的各种支付手段和各种对外

债权,是为满足国际商品流通和劳务交换的需要而发展起来的。汇率又称汇价,是指以一种货币表示的另一种货币的相对价格,或者说是两国货币间进行兑换的比价。汇率的表示方法有直接标价法和间接标价法。

3.外汇银行之间可以直接交易,也可以通过经纪人进行交易。银行同业间的外汇交易程序包含询价、报价、成交、证实、交割等环节。

## 关键概念

外汇市场　外汇批发市场　外汇零售市场　外汇银行　外汇　汇率　直接标价法　间接标价法　基本汇率　套算汇率　即期汇率　远期汇率　交割

## 本章思考题

**一、单项选择题**

1.世界上最大的外汇市场是(　　　)。
　　A.伦敦　　　　　　　B.纽约　　　　　　　　C.东京　　　　　　　　D.香港
2.以一种货币表示的另一种货币的价格是(　　　)。
　　A.外汇　　　　　　　B.汇率　　　　　　　　C.利率　　　　　　　　D.收益率
3.下列说法正确的是(　　　)。
　　A.在直接标价法下:远期汇率=即期汇率-升水点数
　　B.在直接标价法下:远期汇率=即期汇率+贴水点数
　　C.在间接标价法下:远期汇率=即期汇率+升水点数
　　D.在间接标价法下:远期汇率=即期汇率+贴水点数
4.本国货币与关键货币之间的汇率是(　　　)。
　　A.买入汇率　　　　　B.卖出汇率　　　　　　C.基本汇率　　　　　　D.电汇汇率
5.2016年12月12日,我国外汇交易中心受权对外公布:CNY1=MYR0.638 3,该汇率采用(　　　)。
　　A.直接标价　　　　　B.间接标价　　　　　　C.美元标价　　　　　　D.本币标价
6.(　　　)不仅是外汇市场的主要参与者,也是外汇市场的实际操纵者。
　　A.外汇银行　　　　　B.中央银行　　　　　　C.外汇经纪商　　　　　D.顾客
7.现钞的买入价一般比现汇的买入价(　　　)。
　　A.高　　　　　　　　B.低　　　　　　　　　C.相等　　　　　　　　D.不确定

**二、简述题**

1. 什么是外汇市场？它有哪些种类？

2. 什么是外汇？什么是汇率？

3. 简述汇率的标价方法及其常见种类。

4. 简述银行同业间外汇交易的程序。

# 第2章 即期外汇交易

**引例：**

话说有一个墨西哥的小牧童，天天在墨西哥和美国边境上放牧。有一天，小牧童的妈妈给了他一个比索当作零花钱。他发现在当地存在一种特殊的货币兑换情况：在墨西哥，1美元值墨西哥货币的90分，而在美国，一个墨西哥比索值美国货币的90分。这天，小牧童走进一家墨西哥小酒吧，要了一杯啤酒，价目是10个墨西哥分。他用一个墨西哥比索付账，找回1美元（在墨西哥只值90个墨西哥分）。喝完啤酒后，他又走过边境进了一家美国酒吧，又要了一杯啤酒，价目是10美分。他用刚刚找回的美元付账，又找回一个墨西哥比索（在美国只值90美分）。他继续不断地重复这一方法，整天愉快地喝啤酒，他在最后与开始一样有钱——有一个比索。

**思考：**为什么会出现这种情况呢？

## 2.1 即期外汇交易概述

### 2.1.1 即期外汇交易的含义

即期外汇交易又称现汇交易，是指交易双方按照当日的市场价格成交以后，原则上在当日或两个营业日之内办理交割的外汇交易。

在即期外汇交易的概念中涉及两个重要的行为，即成交和交割。成交是指交易双方确定买卖外汇的数量、价格等事项的行为，成交日就是达成买卖外汇协议的日子；交割是指外汇交易中，买卖双方相互支付各自所买卖货币的行为，交割日就是实际办理外汇收付的日子。

### 2.1.2 即期外汇交易交割日的确定

在实践中，即期外汇交易的交割日可分为以下3种类型。

**1）标准交割日**

指在成交后第 2 个营业日进行交割,即采用 T+2 的交割模式。在伦敦、纽约、法兰克福、巴黎等外汇交易中心都是采用这种交割日期,也是即期外汇交易最普遍的交易做法。

注意一点:T+2 中的 2 是指两个营业日,即外汇银行营业的日子,不是自然的日历天数。但交易货币是美元时比较特殊,若成交后第一天仅是美国的假日,而另一国为非假日,则这一天仍算作营业日。

**2）隔日交割**

指在成交后第 1 个营业日办理交割,即采用 T+1 的交割模式。这种外汇交易也叫翌日交易。如在香港外汇市场上,港元对日元、新加坡元、马来西亚林吉特、澳大利亚元就是采用这种交割模式。

**3）当日交割**

指在成交当日办理交割,即采用 T+0 的交割模式。这种交割模式主要适用于零售交易。在香港外汇市场上,港元对美元的交易就是在成交当日交割。

## 2.1.3 即期外汇交易的报价

即期外汇交易的报价是指外汇银行在交易中报出的买入或卖出外汇的汇价,一般采用双向报价法报价,即外汇银行在交易中同时报出买价(bid rate)和卖价(offer rate)。在直接标价法下,前一个汇率为外汇的买入价,后一个汇率为外汇的卖出价;在间接标价法下,则刚好相反,前一个汇率为外汇的卖出价,后一个汇率为外汇的买入价。银行的买卖价格之差就是外汇银行买卖外汇的收益,一般为 1‰ ~ 5‰。如东京银行报价 USD 1 = JPY 117.30/50,117.30 就表示东京银行买入 1 美元的价格是 117.30 日元,117.50 就表示东京银行卖出 1 美元的价格是 117.50 日元,东京银行买卖 1 美元的收益就是 0.20 日元。

表示汇率的基本单位是基本点,或简称为点。一般情况下,一个基本点为万分之一单位,即小数点后面的第 4 个单位数(0.000 1),这是外汇汇率变动的最小单位。由于少数货币的面额较大,它们的基本点有些不同。如日元的价格变动主要是小数点后面的两位数上,因此,它的基本点为 0.01 单位货币。在上例中,我们就可以说:东京银行的买卖价差是 20 点。

外汇银行在即期外汇交易中形成了一些交易惯例。①在用电讯报价时并不报全价,而是只报汇价的最后两位数。如在上例中,东京银行就报 30/50 即可。再如某家银行报 USD 1 = EUR 0.901 5/25,它可以只报 15/25 即可。这是因为专职的外汇交易员对前面的数字十分清楚,且外汇汇率的变化在一天之中一般不会超出最后两位数字,因此用不着报全价。②任何一个报价行对自身所报出的汇价都要承担守信的责任,因此不必签订合同。换言之,只要询价行货客户愿意成交,报价行都必须按照报出的汇价买进或卖出一定数量的外汇。

# 2.2 即期外汇交易的程序

在即期外汇交易市场上,银行同业间的即期外汇交易约占整个即期外汇交易的 90% 以上。下面以银行间即期外汇交易为例,介绍两种银行间即期外汇交易的基本程序。

## 2.2.1 通过路透交易系统进行的直接交易

对于加入了路透交易系统的各家银行而言,可以借助于路透交易机来进行与其他银行间的即期外汇交易。其交易程序一般分为询价、报价、成交、证实、交割等环节。

### 1)询价(Asking Price)

询价是即期外汇交易的起点,即发起即期外汇交易的一方向报价行询问某种货币的即期汇率。通常是由询价方交易员通过路透交易机的键盘输入报价行的路透交易系统代号(一般为 4 个英文字母),呼叫该银行,待叫通后,荧光屏上即开始显示双方对话内容,然后开始询价。

询价时应注意以下问题:

①指明交易币种,但不要透漏交易意图。询价方在询价时,要指出准备交易的货币币种,但是不要暴露出是想买进还是想卖出的意图,否则报价方可能会故意抬价或压价。

②货币符号采用国际标准代码。为了提高外汇市场的交易效率,国际标准化组织(ISO)对各国货币都规定了一个国际标准代码,因此,询价方在报交易币种时,一定要报它的国际标准代码。

③报出交易金额及期限。为了便于报价方准确报价,询价方一定要告知报价方自己准备交易的金额和期限,因为不同金额和期限的货币,其价格是不同的。所报交易金额一般是基准货币的金额,通常以 100 万为基本单位,如有零星金额一定事先说明。

### 2)报价(Quotation)

当报价方接到询价后,要求立即做出报价。报价表示报价方愿意按某种汇率与对方进行外汇交易,它对报价方具有法律约束力。

报价是外汇交易的关键环节,它关系到外汇买卖双方是否能够成交,并直接影响到报价方在外汇市场上的竞争力和风险收益。因此,在外汇交易中,报价方的交易员要特别注意报价问题,既要遵守一定的报价惯例,同时也要掌握和运用一些报价技巧。

报价银行的报价方法和要遵守的报价惯例已在前面相关内容中介绍,此处不再赘述,下面主要介绍一下报价行的报价技巧。在实务操作中,报价方可以运用以下报价技巧。

①根据市场汇率的走势来确定报价的买卖价差。一般而言,当市场汇率走势平稳时,为吸引客户进行交易,可缩小所报的买卖差价;反之,当市场汇率波动频繁且波幅较大时,为避免承担过多的风险,可扩大所报的买卖差价。

②根据汇率变化的方向来确定自己的报价与市场汇率的差价。当报价方认为汇率将上升时,可使报价略高于市场汇率,以吸引询价方卖出,从而获得低价位头寸;反之,当报价方认为汇率将下降时,可使报价略低于市场汇率,以吸引询价方买入,从而抛出高价位头寸。

③根据自己所持有的外汇头寸状况来确定报价。一般而言,当持有外汇多头头寸时,应尽量卖出一部分多头头寸,以避免外汇汇率下跌而遭受损失,因此报价时可略低于市场汇率;反之,当持有外汇空头头寸时,应尽量买入一部分空头外汇,以避免外汇汇率上升而遭受损失,因此报价时可略高于市场汇率。

除此之外,报价员还应根据国际经济、政治及军事最新动态的变化调整报价。因为交易货币所在国家及西方主要国家(如美国、日本、德国、英国等)经济繁荣或萎缩、财政的盈余或赤字、国际收支的顺差或逆差、政治军事动荡与稳定等,都会引起外汇行市的动荡不安,所以报价员在报价时必须时刻关注并以此调节本行的报价。

### 3)成交(Done)或放弃(Nothing)

按照外汇市场交易惯例,通常要求询价方在接到报价后的数秒钟内做出是否成交的表示,而不能待价太久,否则报价方马上就会以"My Risk"来取消报价。如果询价方还想交易的话,就必须重新询价,可用"ANY CH"询问新的报价。

(1)询价方对报价满意的处理

若询价方对报价满意,则要在数秒钟内做出成交的表示,即告知交易方向。通常以Buy、Take、Mine 等表示买入,以 Sell、Give、Yours 等表示卖出。还有一种更为简单的表示交易方向的方法,即以报价方的报价来表示交易方向:用报价方的买价来表示自己卖出,用报价方的卖价来表示自己买入。

(2)询价方对报价不满意的处理

一种情况是对报价不满意,但希望报价方再重新报一次价。此时可以先用"My Risk"来表示原来的报价不再有效,并在数秒内用"ANY CH"请求报价方重新报价。另一种情况是对报价不满意,并且不想重新询价。此时可用"TKS NTH"或"SORI NTH"表示谢绝成交,即放弃交易。

### 4)证实(Confirmation)

由于上述的询价、报价和成交都是在快速而简捷的过程中进行的,大量使用了缩写和行话,不利于日后的清算工作和查询,因此在报价方做出交易承诺后(通常是回答"OK Done"或"Agreed"),交易双方还必须将交易的详细内容进行一次完整的重复叙述。证实的内容主要包括交易汇率、交易货币、交易金额、起息日和收付账户。

### 5)交割(Deliver)

这是交易的最后一个环节,即在交易双方交易员将交易的文字记录交给交易后台后,由交易后台在交割日根据交易要求,将自己卖出的货币划入对方所指定的银行账户。

【例 2-1】　2016 年 2 月 24 日 A 银行与 B 银行通过路透交易机进行一笔即期外汇交易如下:

A 银行:SP CHF5 MIO PLS

B 银行:76/79

A 银行:76

B 银行:OK Done. At 0.987 6 I Buy USD5 MIO AG CHF VAL Feb 26,2016. My USD to B Bank NY for A/C 1234567. TKS N BI.

A 银行:OK Agreed. My CHF to A Bank Zurich for A/C 7654321. TKS for the Deal N BI.

### 2.2.2 通过经纪人进行的间接交易

外汇经纪人又称外汇经纪商,是指介绍客户进行外汇交易的中介人。其本身并不买卖外汇,只是连接外汇买卖双方,促成交易。外汇经纪人的收入是靠收取外汇买卖点差和手续费来获得的,他们自身不承担交易风险。

通过外汇经纪人来进行的银行间即期外汇交易,主要采用两种方式。

**1)银行向经纪人询价**

银行根据自己的需要或客户的需要,通过路透交易机、电传或电话,直接呼叫经纪人请其报价。在得到经纪人报价后,银行若觉得合适,当即拍板决定买入或卖出某种外汇及其金额,交易便告成功。之后,经纪人通知该银行,此笔交易的交易对手是谁,双方相互交付货币,经纪人开出佣金收取通知书。一般情况下,经纪人对购买行报出的汇率会高于出售者对其报出的汇率,差额就是经纪人的佣金。

**2)经纪人主动报价**

通常外汇经纪人是根据上一个市场的收市价和银行客户的订单,主动频繁地向各家外汇银行报价,一旦银行觉得经纪人的报价对自己有利或符合自己的某种需要,便表示买入或卖出。因此,经纪人报价都是实价,是以银行和客户的订单为依据的。具体操作流程:银行或客户订下买卖基准,通过电话、电传或计算机系统等将订单交给经纪人;经纪人从已经收到的一系列报价中,选出最高买价和最低卖价匹配起来,组成一种交易价差最小的综合性双向报价,它可能由不同银行的买卖价构成,然后经纪人向其客户通报这种综合报价,这种报价是市场上最好的价格,也是最具竞争力的报价。

# 2.3   即期外汇交易的运用

### 2.3.1   一般客户满足货币兑换需要

一般客户是指除银行以外的所有公司、企业和个人,包括进出口商、投资者、投机者、套汇者等所有外汇交易者。这些客户参与即期外汇交易主要是为了满足因进出口和国际劳务活动、对外直接投资和间接投资而引起的货币兑换需求。具体而言,涉及进出口商的贸易结算、跨国公司资金的国际流动、跨国公司或其他经济实体为防范汇率风险的外汇抛补以及个人外汇买卖兑换的需要等。由于上述经济活动,客户经常需要将一种货币兑换成另一种货币,这就会引起客户与银行之间的即期外汇交易。

### 2.3.2 外汇银行平衡外汇头寸

在外汇业务中,对于外汇银行来讲,由于客户买进的外汇金额与卖出的外汇金额不可能完全相等,这就会导致银行的外汇买卖余额不相等,即形成敞口头寸。所谓敞口头寸,是指由于没有及时抵补而形成的某种货币买入过多或某种货币卖出过多,前者形成多头头寸,后者形成空头头寸。无论是多头头寸还是空头头寸,都会暴露在汇率波动的风险之中。因此,外汇银行在外汇业务经营中必须就其所持有的外汇头寸状况随时根据市场汇率的变动而做出相应调整,尽量使得敞口头寸为零。即如果外汇银行出现某种货币的多头头寸,就要尽快将超买部分在即期市场抛出;如果外汇银行面临某种货币的空头头寸,就要尽快将超卖部分在即期市场补进。

### 2.3.3 套汇

通常所说的套汇是指地点套汇,它是指套汇人利用两个或两个以上外汇市场在同一时刻货币的汇率差异进行低买高卖,从中赚取差价利润的外汇交易活动,包括直接套汇和间接套汇两种形式。

**1)直接套汇**

直接套汇是套汇者利用两个外汇市场之间在同一时间存在的汇率差异,同时在两个市场上买卖该货币,从中赚取汇差利润的外汇交易。

**【例2-2】** 某日外汇市场行情如下:

伦敦外汇市场 GBP1 = USD1. 523 5/45

纽约外汇市场 GBP1 = USD1. 526 5/75

问:这两个市场上是否能套汇获利?

分析:通过两个市场的外汇行情,我们可以直接看出英镑这种货币在伦敦市场价格要低一些,而在纽约市场上价格要高一些,因此可以通过在英镑的低价市场即伦敦市场花 1.524 5 美元买进 1 英镑,马上在英镑的高价市场即纽约市场卖出这 1 英镑,就可以获得 1.526 5 美元。即在不考虑其他费用的情况下,通过直接套汇,套汇者交易 1 英镑可以获利 0.002 美元。

**2)间接套汇**

间接套汇是指利用 3 个或 3 个以上外汇市场同一时间的汇率差异,在多个市场间调拨资金,进行低价市场买入高价市场卖出,从中获取利润的外汇交易。

间接套汇由于市场增加了,就不可能像直接套汇那样能够直接看出低价市场、高价市场。因此,对于间接套汇,首先必须判断有无套汇机会,其次再确定套汇路线。套汇机会的判断主要采用连乘法,即先将多个市场上的汇率采用相同的标价方法(直接标价法或间接标价法),然后采用连续相乘,根据连乘结果来判断外汇市场是否存在套汇机会。如果连乘结果等于1,说明不存在套汇机会;如果连乘结果不等于1,说明存在套汇机会。

套汇路线的确定则要灵活运用交叉汇率。可以在多个市场中选择一个作为基本市场,然后将其他市场的汇率进行套算,最后与基本市场的汇率进行比较,就能发现相应外汇的高价市场和低价市场。发现市场差价后就选择在高价市场卖出,最后从低价市场买入,以获取汇差收益。

**【例2-3】** 某日外汇市场行情如下:

东京市场:USD/JPY=100.50/60

伦敦市场:GBP/JPY=165.10/20

纽约市场:GBP/USD=1.632 0/30

问:①这3个市场是否存在套汇机会?②某套汇者若有100万英镑,该如何套汇?会获取多少利润?

分析:①要判断套汇机会,先统一标价方法。目前而言,东京市场和纽约市场都是采用直接标价法,而伦敦市场采用间接标价法。因此,只需将伦敦市场的汇率转换一下,即表示成JPY/GBP=1/165.20—1/165.10,此汇率即采用直接标价法。标价方法统一后就连乘,可得100.50×1/165.20×1.632 0=0.992 8(就买价)和100.60×1/165.10×1.633 0=0.995 0(就卖价)。两个连乘的结果都不等于1,说明存在套汇机会。②要确定套汇路线,由于给定的资金是英镑,因此可以将伦敦市场作为基本市场,将另两个市场的汇率进行套算。运用前面的知识,可以知道应该采用同边相乘的方法来套算,套算出的汇率是GBP/JPY=164.02/28。将这个套算汇率和伦敦市场上的汇率一比较,就发现英镑在伦敦市场上的价格要高一些,也就意味着它在纽约市场上的价格就低一些。因此,套汇的路线就应该这样安排:首先,将100万英镑在伦敦市场卖出,得到16 510万日元;其次,将16 510万日元在东京市场卖出,得到16 510÷100.60=164.12万美元;最后,将164.12万美元在纽约市场卖出,买回164.12÷1.633 0=100.499 3万英镑。也就是说,在不考虑其他费用的情况下,套汇100万英镑可获取0.449 3万英镑的利润。

### 2.3.4 无抵补套利

套利交易也称利息套汇,是指两个国家或市场短期利率存在差异时,投资者就会将资金从低利率国家或市场调往高利率国家或市场,以赚取利差收益的外汇交易。根据投资者是否对套利交易涉及的外汇风险进行弥补,套利交易分为无抵补套利和抵补套利(由于抵补套利涉及远期外汇交易,因此放在下一章介绍)。

无抵补套利是指资金持有者利用两个金融市场上存在的短期利率差,将资金从利率低的国家或市场调往利率高的国家或市场进行投资,以获取利差收益,而不同时进行反方向交易扎平头寸的交易活动。

由于无抵补套利没有采取抵补措施,因此投资者会面临汇率风险,他有可能获得高利率货币汇率上升的收益,也可能遭受高利率货币汇率下跌的损失。因此,无抵补套利适用于汇率比较稳定的情况,或者建立在对高利率货币未来汇率看涨预期的基础上。

【例2-4】　假定美国金融市场1年期定期存款利率是3%,而英国金融市场1年期定期存款利率是4.25%。纽约外汇市场即期汇率为GBP/USD=1.488 0/85,1年期远期汇率为GBP/USD=1.483 0/40。一美国投资者手中有闲置资金100万美元,欲进行1年期的投资。试问:该投资者进行无抵补套利的结果怎样?

分析:①假设不做套利,直接将100万美元投资在美国市场,1年后本利和为:

$$1\ 000\ 000×(1+3\%)=1\ 030\ 000(美元)$$

②做无抵补套利。

A. 先将1 000 000美元按即期汇率兑换成英镑,为1 000 000÷1.488 5=671 817.27(英镑);

B. 再到英国投资,1年后的本利和为:671 817.27×(1+4.25%)=700 369.50(英镑);

C. 1年后在即期外汇市场卖出英镑,在此分3种情况进行分析。

a. 假定1年后汇率不变,则获得的美元数为:

$$700\ 369.50×1.488\ 0=1\ 042\ 149.8(美元)$$

套利收益=1 042 149.8-1 030 000=12 149.8(美元)

b. 假定1年后英镑汇率上升,变为GBP/USD=1.508 0/85,则获得的美元数为:

$$700\ 369.50×1.508\ 0=1\ 056\ 157.2(美元)$$

套利收益=1 056 157.2-1 030 000=26 157.2(美元)

c. 假定1年后英镑汇率下降,变为GBP/USD=1.468 0/85,则获得的美元数为:

$$700\ 369.50×1.468\ 0=1\ 028\ 142.4(美元)$$

套利收益=1 028 142.4-1 030 000=-1 857.6(美元)

从以上分析可以发现,该投资者做无抵补套利获得的收益是不确定的,存在汇率风险。当高利率货币汇率上升时,套利者既可获得利差收益,还能获得汇差收益;当汇率维持稳定不变,套利者就获得利差收益;当高利率货币汇率下跌时,套利者就可能遭受损失。

### 2.3.5　投机

根据对未来市场汇率变动的预测,通过低买高卖即期外汇来获得汇差收益。现汇投机一般包括做多和做空。

#### 1)做多

当预测某种货币即期汇率将上升时,先在即期外汇市场上买入该种货币现汇,等该货币汇率上涨后再卖出该货币现汇,从中获取汇差收益。

【例2-5】　假设目前的市场汇率是GBP/USD=1.632 0/30,一投机者认为英镑汇率将会上升,于是他就会做多英镑,按照1.633 0的价格买进英镑。假设他的预期是正确的,1周后市场汇率变为GBP/USD=1.637 0/80,这时他就会卖出英镑,价格是1.637 0。也就是说,在不考虑其他费用的情况下,该投机者买空1英镑,可以赚0.004美元的利润。

2)做空

当预测某种货币即期汇率将下降时,先在即期外汇市场上卖出该种货币现汇,等该货币汇率下降后再买入该货币现汇,从中获取汇差收益。

【例2-6】 假设目前的市场汇率是 GBP/USD = 1.632 0/30,一投机者认为英镑汇率将会下降,于是他就会做空英镑,按照 1.632 0 的价格卖出英镑。假设他的预期是正确的,1 周后市场汇率变为 GBP/USD = 1.622 0/30,这时他就会买入英镑,价格是 1.623 0。也就是说,在不考虑其他费用的情况下,该投机者卖空 1 英镑,可以赚 0.009 美元的利润。

## 案例分析

### 路透 D2001-1 系统上即期外汇交易的对话

A:SP CHF 1

(询价者 A 询问即期价格,金额为 100 万美元,交易货币为瑞士法郎)

B:60/65

(报价银行 B 报价,价格 USD1 = 0.996 0/65 CHF)

A:60 DONE

MY CHF TO FRANKFURT A/C. NO 123

[A 以 0.996 0 的价格卖出美元 100 万买入相对金额的瑞士法郎,要求 B 将他的瑞士法郎汇入法兰克福的账户 123 中]

B:AGREE

CFM AT 0.996 0 WE BUY USD 1 MIO AG CHF

VAL SEP 10

USD TO NY AC NO 456

TKS FOR CALLING N DEAL BIBI

(B 回应:此交易成交,我方以 0.996 0 买入 100 万美元,卖出瑞士法郎,交割日为 9 月 10日,要求 A 将他的美元汇入纽约账户 456,谢谢 A 的询价及交易)

## 本章小结

1. 即期外汇交易又称现汇交易,是指交易双方按照当日的市场价格成交以后,原则上在当日或两个营业日之内办理交割的外汇交易。其交割日一般有标准交割日、隔日交割、当日交割 3 种情况。

2. 银行同业间通过路透交易系统进行即期外汇交易一般包括询价、报价、成交、证实、交割等环节。

3.即期外汇交易可以满足一般客户货币兑换的需要,外汇银行用来平衡外汇头寸,以及人们利用外汇即期交易进行套汇和投机。

## 关键概念

即期外汇交易　标准交割日　隔日交割　询价　报价　交割　直接套汇　间接套汇无抵补套利　买空　卖空

## 本章思考题

**一、单项选择题**

1.若即期交易日是 2016 年 12 月 16 日(星期五),那么正常情况下的标准即期交割日是(　　　)。

A. 2016 年 12 月 18 日　　　　　　　　B. 2016 年 12 月 19 日

C. 2016 年 12 月 20 日　　　　　　　　D. 2016 年 12 月 21 日

2.假设在东京市场上 USD/JPY = 98.70/98.80,那么银行赚取的利润是(　　　)。

A. 10 个基本点　　　　　　　　　　B. 100 个基本点

C. 700 个基本点　　　　　　　　　　D. 1 000 个基本点

3.一般情况下,如果星期一成交,那么即期外汇最迟应在(　　　)交割。

A. 星期一　　　　B. 星期二　　　　C. 星期三　　　　D. 星期四

4.套汇交易是属于(　　　)交易的类型。

A. 即期外汇　　　　B. 远期外汇　　　　C. 外汇期货　　　　D. 外汇期权

5.利用两个不同地点的外汇市场上某些货币之间的汇率差异,在两个市场上同时买卖同一货币,此种交易是(　　　)。

A. 时间套汇　　　　B. 间接套汇　　　　C. 直接套汇　　　　D. 套利

**二、计算题**

1.假设当前市场上即期汇率为:GBP1 = USD1.416 5/75,EUR1 = USD1.204 6/56。试套算 GBP/EUR 的汇率。

2.假设银行报价 GBP/USD = 1.492 6/1.494 6,某投资者欲进行多头英镑交易。①该银行报价买卖价差是多少点? 英镑汇率如何变化、变化多少该投资者才有可能盈利? ②假设 3 天后,银行报价 GBP/USD = 1.496 6/1.498 6,汇率的变化情况如何? 该投资者在此价位平仓,盈亏几个点?③如果他做 4 000 英镑的交易,其盈亏多少美元?

3. 假定某一时刻,纽约、东京、法兰克福 3 个市场的即期汇率为:纽约外汇市场上 USD1 = JPY103. 50,东京市场上 EUR1 = JPY123. 25,法兰克福市场上 EUR1 = USD1. 204 5。如果你有 100 万欧元,你会如何套汇? 会获得多少利润?

### 三、简述题

1. 什么是即期外汇交易? 它的交割日有哪些情况?

2. 银行同业间是如何进行即期外汇交易的?

3. 简述报价银行在报价环节应注意的事项。

4. 即期外汇交易有哪些用途?

5. 什么是套汇? 它有哪些种类?

# 第3章 远期外汇交易

**引例:**

　　2015 年,远期外汇市场累计成交 4 950 亿美元,较 2014 年下降 17.2%。其中,银行对客户远期结售汇累计签约 4 578 亿美元,较 2014 年末下降 16.0%;结汇和售汇分别为 1 318 亿美元和 3 260 亿美元,较 2014 年末分别下降 56.1% 和增长 33.3%;银行间远期市场累计成交 372 亿美元,较 2014 年下降 29.7%。(国家外汇管理局年报 2015)

　　**思考:**什么是远期外汇交易? 2015 年远期外汇市场交易量为什么会下降?

## 3.1　远期外汇交易的含义与分类

### 3.1.1　远期外汇交易的含义

远期外汇交易又称期汇交易,是指外汇买卖双方成交后,按事先签订的外汇买卖合约在未来某日期进行交割的外汇交易。

对于远期外汇交易的理解,需要注意以下 4 点。

(1)与即期外汇交易的区别

首先,交割日不同。即期外汇交易是在成交后的两个营业日内进行交割,而远期交易是在未来日期办理交割,即至少超过两个营业日。其次,汇率不同。即期外汇交易采用的是成交当日的即期汇率,而远期交易采用的是远期汇率。

(2)签订远期合约

远期合约是远期交易中买卖双方所达成的交易协议,它是一种非标准化的协议,但协议必须约定交易币种、交易金额、成交汇率、远期期限等内容。

(3)远期期限

远期期限即远期合约到期的期限,远期合约的期限有长有短,常见的有 1 周、1 个月、2

个月、3 个月、6 个月、9 个月、12 个月等,长的甚至可达 5 年乃至 7 年。但在实务中,1 年以上的比较少见。

(4)保证金

远期外汇交易中客户需向外汇银行缴存一定数量的押金或抵押品。当汇率变化不大时,银行可用押金或抵押品来抵补应负担的损失;当汇率变化使客户的损失超过押金或抵押品时,银行就应通知客户加押金或抵押品,否则,合同就无效。银行可视该押金为存款予以计息。

### 3.1.2 远期外汇交易的分类

按照交割日是否确定,可将远期外汇交易分为固定交割日的远期外汇交易和选择交割日的远期外汇交易。

**1)固定交割日的远期外汇交易**

固定交割日的远期外汇交易是指交易双方在达成远期外汇交易协议时,就已确定远期交割的具体日期。

它又分为规则日期的远期外汇交易和不规则日期的远期外汇交易。

(1)规则日期的远期外汇交易

规则日期的远期外汇交易又称标准的远期外汇交易,是指远期外汇交易双方成交后,按标准的整月来确定交割日期。如成交后 1 个月、2 个月、3 个月办理交割。

其交割日的确定法则为"日对日、月对月、节假日顺延、不跨月",标准的远期交割日应以标准的即期交割日为基准来考虑。

(2)不规则日期的远期外汇交易

不规则日期的远期外汇交易是指交割期限不是标准的整数月,而是带有零星天数的远期交易。如远期期限规定为 35 天、126 天、456 天等。这种交割日需要在远期合约中明确指定为某年某月某日。

**2)选择交割日的远期外汇交易**

选择交割日的远期外汇交易又称为择期交易,其主要特点是买卖双方在签订远期合约时,事先确定交易数量和汇率,但具体交割的日期不固定,只规定交割的期限范围,在这一期限范围内可由询价方任意选择一个营业日向报价方提出交割。择期交易在实际运用中具有较大的灵活性,尤其是对进出口商,在不能确定付汇或收汇的具体日期时,可采用择期交易,与外汇银行约定一个交割期限范围,在交割期限内等到需要实际付汇或实际收汇时,再提出交割。

## 3.2 远期外汇交易的程序

银行间远期外汇交易的程序与即期外汇交易的程序基本相似,同样包括询价、报价、成交、证实和交割等环节,但是在询价和报价两个环节上有一些不同的内容。在此,就重点分析这两个环节。

1)询价

在远期外汇交易中,询价方除了报出交易币种、交易金额之外,还必须清楚地将远期期限或具体的交割日期告知报价方。如:GBP6 VAL 3 MTH PLS,即表示询价方请报价方报出600万英镑兑美元的3个月期的远期汇率。再如:CHF8 VAL MAR 15 2016 PLS,即表示询价方要报价方报出800万美元兑瑞士法郎、2016年3月15日起息的远期汇率。

2)报价

在国际外汇市场上,对于远期汇率的报价,通常有两种方法。

①完整汇率报价,即直接报价,也就是由报价方直接报出远期汇率的完整数字。

②掉期率报价,也称为差价报价法,即只报出远期差价的方法。所谓远期差价,是指远期汇率与即期汇率的差价,通常用升水、贴水和平价3种情况来表示。其中,升水表示远期外汇比即期外汇贵,贴水表示远期外汇比即期外汇便宜,平价表示远期外汇与即期外汇价格相同。外汇银行一般采用掉期率报价,见表3-1。

表3-1 2017年4月7日人民币外汇远期报价(单位:BP)

| 货币对 | 1周 | 1月 | 3月 | 6月 |
|---|---|---|---|---|
| USD/CNY | 23.0/24.50 | 123.0/123.0 | 381.0/381.0 | 666.0/668.0 |
| EUR/CNY | 41.70/53.0 | 216.60/244.0 | 711.30/745.0 | 1 369.0/1 429.0 |
| 100 JPY/CNY | 31.50/42.40 | 177.47/181.37 | 572.89/579.82 | 1 106.89/1 113.58 |
| HKD/CNY | 3.78/5.19 | 20.87/22.92 | 63.96/66.78 | 110.20/116.10 |
| GBP/CNY | 37.10/50.20 | 215.85/2 108.71 | 678.62/682.64 | 1 261.98/1 274.13 |
| AUD/CNY | 6.70/14.70 | 56.90/69.10 | 192.70/209.90 | 335.0/371.0 |
| NZD/CNY | 5.60/10.26 | 45.21/51.84 | 150.04/162.62 | 249.11/269.06 |
| SGD/CNY | 15.54/17.50 | 95.45/105.02 | 296.44/315.19 | 539.54/548.96 |

数据来源:中国外汇交易中心。

采用掉期率报价时,报价行交易员需要在即期汇率之外,再报出和相应期限的远期差价。远期差价的确定通常以规则日期的起息日为准,以凯恩斯的抵补套利平价理论为计算依据,并根据实际需要对理论差价进行适当调整。

【例3-1】 2013 年 1 月 28 日（星期一）A 银行与 B 银行进行一笔远期交易。

A：GBP 5 VAL 2 MTH PLS

B：SWAP 38/32，SP 06/09

A：Mine.

B：OK DONE. AT 1.567 7 WE SELL GBP 5 AG USD VAL MAR 29，2013. USD TO MY NY，TKS AND BI.

A：OK AGREED. MY GBP TO MY LONDON，TKS.

# 3.3  远期汇率的计算

因为大多数国家的外汇银行对远期汇率的报价都是采用远期差价报价，所以询价者必须通过计算来求出远期汇率。此外，由于远期外汇交易的交割日有多种不同的情况，因此还需要根据不同的交割日情况来计算远期汇率。

## 3.3.1  规则日期的远期汇率计算

对规则日期的远期汇率的计算，可以根据银行报的升贴水情况以及汇率的标价方法，采用以下原则进行计算。

在直接标价法下：远期汇率＝即期汇率＋升水

远期汇率＝即期汇率－贴水

在间接标价法下：远期汇率＝即期汇率＋贴水

远期汇率＝即期汇率－升水

【例3-2】 某日纽约市场上外汇行市为 GBP1＝USD1.605 0/60，3 个月远期英镑升水 36/39。问：3 个月的远期汇率是多少？

分析：在纽约市场上 GBP1＝USD1.605 0/60 是采用直接标价法，根据上面的计算原则，可以知道远期汇率＝即期汇率＋升水，即 GBP1＝USD1.608 6/99。

【例3-3】 某日伦敦市场上外汇行市为 GBP1＝USD1.605 0/60，3 个月远期美元升水 36/33。问：3 个月的远期汇率是多少？

分析：在伦敦市场上 GBP1＝USD1.605 0/60 是采用间接标价法，根据上面的计算原则，可以知道远期汇率＝即期汇率－升水，即 GBP1＝USD1.601 4/27。

如果外汇银行报出即期汇率和远期差价，并且是采用双向报价法时，计算远期汇率还可以采用一种简便算法：当远期差价为前小后大时，就用加法计算远期汇率；当远期差价为前大后小时，就采用减法计算远期汇率。

如例 3-2 中，远期差价表现为前小后大，因此采用加法计算；在例 3-3 中，远期差价表现为前大后小，就采用减法计算。

### 3.3.2　不规则日期的远期汇率计算

出于某种特殊需要,某些客户需做特殊日期或带有零头日期的远期外汇交易,通常称为不规则日期的远期外汇交易,其远期汇率的计算也略显复杂一些。其计算步骤如下。

①求出不规则起息日的前后两个规则起息日之间的远期差价变化额;

②求出不规则起息日的前后两个规则起息日之间的平均每天的远期差价变化额;

③求出不规则起息日与前一个规则起息日之间的远期差价额;

④用前一个规则起息日的远期差价加上第③步求出的远期差价额,即为不规则日期的远期差价;

⑤在即期汇率的基础上加或减远期差价。

【例3-4】　已知某年 4 月 6 日 USD/JPY 的外汇行情如下:

即期汇率　　98.10/20

1 个月远期差价　　50/40

2 个月远期差价　　81/74

问:当年 5 月 20 日交割的远期汇率。

分析:

①求出不规则起息日 5 月 20 日的前后两个规则起息日之间的远期差价变化额:

买价的远期差价变化额 = 81−50 = 31

卖价的远期差价变化额 = 74−40 = 34

②求出不规则起息日 5 月 20 日的前后两个规则起息日之间的平均每天的远期差价变化额。5 月 20 日的前一个规则起息日是 1 个月期的交割日 5 月 8 日,后一个规则起息日是 2 个月期的交割日 6 月 8 日,两者之间相差 31 天。因此:

买价平均每天的远期差价变化额 = 31÷31 = 1

卖价平均每天的远期差价变化额 = 34÷31 = 1.1

③求出不规则起息日与前一个规则起息日之间的远期差价额。由于 5 月 20 日与 5 月 8 日之间相差 12 天,因此:

买价 12 天的远期差价额 = 1×12 = 12

卖价 12 天的远期差价额 = 1.1×12 = 13.2

④用前一个规则起息日的远期差价加上第③步求出的远期差价额,即为不规则日期的远期差价:

买价的远期差价额 = 50+12 = 62

卖价的远期差价额 = 40+13.2 = 53.2,取整为 53

⑤计算远期汇率。由于 5 月 20 日的远期差价为 62/53,依然表现为前大后小,因此远期汇率应在即期汇率的基础上减远期差价:

买价 = 98.10−0.62 = 97.48

卖价 = 98.20−0.53 = 97.67

即 5 月 20 日交割的 USD/JPY 的远期汇率为 97.48/67

### 3.3.3　择期交易的远期汇率计算

在择期交易中,由于交割日是由询价方选择,而报价方处于被动地位,报价方要承担较大的风险,因此,它会通过采用有利于自己的价格来规避风险。报价行选用择期交易远期汇率的一般原则如下。

当远期外汇升水时,报价方买入择期外汇选用接近择期开始的远期汇率的买价;报价方卖出择期外汇则选用接近择期结束的远期汇率的卖价。

当远期外汇贴水时,报价方买入择期外汇选用接近择期结束的远期汇率的买价;报价方卖出择期外汇则选用接近择期开始的远期汇率的卖价。

【例 3-5】　某银行接到一客户询价,想做一笔 GBP/USD 的择期交易,起息时间为成交后 1 ~ 3 个月。该用户即期汇率报价为 1.602 0/30,1 个月远期差价为 10/15,3 个月远期差价为 35/40。问:该银行会如何报价?

分析:①由于远期差价表现为前小后大,因此可以判断远期英镑为升水。②根据报价行报价的原则,我们可以知道:该银行会选择择期开始时的买价买入远期英镑,即 1 个月期的远期汇率买价;该银行会选择择期结束时的卖价卖出远期英镑,即 3 个月期的远期汇率卖价。③计算远期汇率:

1 个月的远期汇率买价 = 1.602 0+0.001 0 = 1.603 0

3 个月的远期汇率卖价 = 1.603 0+0.004 0 = 1.607 0

即该银行在该笔择期交易中的报价是 1.603 0/70。

## 3.4　远期外汇交易的运用

远期外汇交易实际上是买卖未来收付的外汇,由于通过远期交易可以先将汇率固定下来,因此可以避免因汇率的变动而给未来的外汇资产或债务带来风险,起到保值的作用。另外,由于远期外汇交易中,外汇的成交与交割有一个时间差,而在这两个时点上的汇率常常不一致,这就为投机者提供了获利的机会。因此,远期外汇交易的运用主要表现在两个方面:一是保值,二是投机。

### 3.4.1　保值性远期外汇交易

远期外汇交易的保值性运用是指通过远期外汇交易来避免或消除汇率变动风险的行为。远期外汇交易是外汇市场上发展最早的一种外汇保值方式,也是目前国际上应用最广泛的一种外汇保值方式。企业在进行对外贸易、对外投资活动中会面临汇率风险,通过叙做远期外汇交易,企业可以事先确定未来的外汇交易汇率,进而锁定收益或成本,避免因市场汇率变动而给未来的外汇资产或外汇债务带来风险。

**1）出口收汇保值——卖出远期外汇**

对于将来有外汇收入的出口商来说，如果外汇汇率出现下跌，将会使出口商收到外汇货款时兑换的本币收入减少，导致其出口利润下降。因此，为了避免由于外汇汇率下跌而导致出口的本币收入减少，当预计外汇汇率会下跌时，出口商应与银行叙做一笔远期外汇交易，即卖出远期外汇，以锁定出口的本币收入。

**【例3-6】**　假设我国国内一家企业在2016年3月底与美国一家企业签订出口贸易合同，贸易合同约定在12月底进行清算，货款为1 000万美元。目前中国银行USD/CNY的报价为：即期汇率6.581 5/25，9个月期的远期差价为70/50。由于该公司预计到12月底的时候美元汇率可能会下跌，于是就与中国银行签订了9个月期的美元结汇合同。问：①9个月后该公司的出口收入是多少人民币？②假设12月底的即期汇率果真像预期的那样下降为6.571 5/25，该公司通过远期交易规避了多少损失？

分析：①9个月后不管市场汇率如何变动，该公司都可以按照远期合同卖出1 000万美元。9个月期的远期汇率为USD/CNY=6.574 5/75，因此，该公司的出口收入是：

$$10\ 000\ 000×6.574\ 5=65\ 745\ 000（元人民币）$$

②如果该公司没有做远期交易，在12月底收到1 000万美元货款时就只能按照市场即期汇率结汇，收到的人民币为：

$$10\ 000\ 000×6.571\ 5=65\ 715\ 000（元人民币）$$

因此，该公司通过远期交易规避的损失是65 745 000－65 715 000=30 000（元人民币）。

**2）进口付汇保值——买入远期外汇**

对于将来有外汇支出的进口商来说，如果外汇汇率出现上升，将会使进口商用更多的本币来购买外汇，用以支付外汇货款，导致其进口成本上升。因此，为了避免由于外汇汇率上升而导致进口的本币支出增加，当预计外汇汇率会上升时，进口商应与银行叙做一笔远期外汇交易，即买入远期外汇，以锁定进口的购汇成本。

**【例3-7】**　假设美国一家企业在2016年5月底与日本一家企业签订进口贸易合同，贸易合同约定在11月底进行清算，货款为10亿日元。目前美国银行USD/JPY的报价为：即期汇率98.15/25，6个月期的远期差价为40/30。由于该公司预计到11月底的时候日元汇率可能会上升，于是就与美国银行签订了6个月期的日元购汇合同。问：①6个月后该公司的进口支出是多少美元？②假设11月底日元的即期汇率果真像预期的那样上升为97.15/25，该公司通过远期交易规避了多少损失？

分析：①6个月后不管市场汇率如何变动，该公司都可以按照远期合同买入10亿日元。6个月期的远期汇率为USD/JPY=97.75/95，因此，该公司的进口支出是：

$$1\ 000\ 000\ 000÷97.75=10\ 230\ 179（美元）$$

②如果该公司没有做远期交易，在11月底为了支付10亿日元货款时就只能按照市场即期汇率购汇，支出的美元为：

$$1\ 000\ 000\ 000÷97.15=10\ 293\ 360.8（美元）$$

因此,该公司通过远期交易规避的损失是 10 293 360.8−10 230 179 = 63 181.8(美元)。

### 3)抵补套利

抵补套利也叫抛补套利,是指投资者为防范投资期间的汇率变动风险,在进行套利交易的同时进行远期抛补,即在买进高利率货币现汇的同时,在远期外汇市场上卖出高利率货币的期汇,以获得毫无风险的利差收益。

按照利率平价理论,利率高的货币,其远期应该表现为贴水,这就可能使投资者在赚取利差收益的同时,蒙受远期汇率下跌的损失。

【例 3-8】 假定美国金融市场 1 年期定期存款利率是 3%,而英国金融市场 1 年期定期存款利率是 4.25%。纽约外汇市场即期汇率为 GBP/USD = 1.488 0/85,1 年期远期汇率为 GBP/USD = 1.483 0/40。一美国投资者手中有闲置资金 100 万美元,欲进行 1 年期的投资。试问:该投资者进行抵补套利的结果怎样?

分析:①假设不做套利,直接将 100 万美元投资在美国市场,1 年后本利和为:

$$1\ 000\ 000 \times (1+3\%) = 1\ 030\ 000(美元)$$

②做抵补套利。

a. 先将 1 000 000 美元按即期汇率兑换成英镑,为 1 000 000 ÷ 1.488 5 = 671 817.27(英镑);

b. 再到英国投资,1 年后的本利和为:671 817.27 × (1+4.25%) = 700 369.50(英镑);

c. 同时卖出 1 年期的远期英镑,1 年后得到的美元数为:

$$700\ 369.50 \times 1.483\ 0 = 1\ 038\ 648(美元)$$

$$利差收益 = 1\ 038\ 648 - 1\ 030\ 000 = 8\ 648(美元)$$

可以发现,该投资者做抵补套利获得的利差收益为 8 648 美元,并且这 8 648 美元的收益不存在任何汇率风险。

## 3.4.2 投机性远期外汇交易

所谓投机性远期外汇交易,是指利用远期外汇交易来进行投机操作。具体而言,就是根据对市场汇率变动的预测,通过买卖远期外汇来谋取汇差收益。远期外汇交易的投机可分为买空和卖空。

### 1)买空

当预期某种外汇汇率将要上升时,先买进远期外汇,等远期合约到期且预期正确时,再在即期市场卖出该外汇,此即为买空。

【例 3-9】 2015 年 5 月初,在东京市场上 USD/JPY 的 1 个月远期汇率为 97.35/45。某投机者预测 1 个月后美元的即期汇率将会上涨,于是就做多 100 万美元。假设他的预期是正确的,1 个月后市场汇率果然上涨了,变为 98.35/45。求该投机者的投机利润(不考虑其他费用)。

分析:由于该投机者预测美元汇率将会上涨,于是他买空美元。他买入 1 个月远期美元的价格是 97.45,因此买入 100 万美元,需要 9 745 万日元。1 个月后,远期合约到期,他履行合同拿到 100 万美元,这时美元汇率出现了他预期的上涨,于是就马上在即期市场将 100 万美元卖出,价格是 98.35,即卖出 100 万美元得到了 9 835 万日元。因此,在不考虑其他费用的情况下,他的投机利润=9 835−9 745=90(万日元)。

**2)卖空**

当预期某种外汇汇率将要下降时,先卖出该远期外汇,等远期合约到期且预期正确时,再在即期市场买入该外汇,此即为卖空。

**【例 3-10】**　2015 年 5 月初,在东京市场上 USD/JPY 的 1 个月远期汇率为 97.35/45。某投机者预测 1 个月后美元的即期汇率将会下降,于是就做空 100 万美元。假设他的预期是正确的,1 个月后市场汇率果然下降了,变为 96.35/45。求该投机者的投机利润(不考虑其他费用)。

分析:由于该投机者预测美元汇率将会下降,于是他卖空美元。他卖出 1 个月远期美元的价格是 97.35,因此卖出 100 万美元,收到 9 735 万日元。1 个月后,远期合约到期,他履行远期合同必须拿出 100 万美元,这时美元汇率出现了他预期的下降,于是就马上在即期市场买入 100 万美元,价格是 96.45,即买入 100 万美元支付了 9 645 万日元。因此,在不考虑其他费用的情况下,他的投机利润=9 735−9 645=90(万日元)。

## 案例分析

**日本公司的远期外汇交易**

远期外汇交易是在即期外汇交易的基础上发展起来的,其最大的优点在于能够转移风险,因而可以用来进行套期保值和投机。远期外汇交易是指外汇的买卖双方通过协议价格锁定未来某一天的外汇价格,今后按照协议价格进行实际的交付。按其交割日是否固定可分为定期交易和择期交易。

日本某一贸易事业公司,每月外币交易量为 2 000 万美元左右。在远期外汇交易中,公司规定买方持有或卖方持有只能为 200 万美元。而未结算外汇余额(相反交易完毕部分除外)买卖双方各为 1 000 万美元。银行买卖手续费为 0.1 日元。交易期间是从 1984 年 7 月到 11 月,共 5 个月。不考虑实际需要的预约保证金部分。这个公司进行了以下几次远期外汇买卖交易。

1.7 月 3 日,订立美元期货买进预约(买进持有 200 万美元)。合约内容:200 万美元,1个月期货(8 月 6 日交付),远期汇率 1 美元=238.60 日元。买进远期美元的理由是:美日利率差距甚大,故判断目前美元将持续坚挺,依据对强势货币,以期货折价买进的原则。

2.7 月 24 日,订立美元期货卖出预约 400 万美元(卖出持有 200 万美元)。合约内容:①采取 7 月 3 日买进外汇期货预约的相反交易,即卖出远期外汇 200 万美元,8 月 6 日交割,远期汇率为 1 美元=245.50 日元。这两个买卖合约 8 月 6 日到期结算时可获得利益(245.50−238.60)×200 万日元=1 380 万日元。②新卖出外汇期货 200 万美元,期限 3 个月,10 月 26 日交割,远期汇率为 242.40。卖出远期美元的理由是:1 美元兑换 247 日元为 1983

年9月2日以来的最高价格,首先予以谋利,并具有支援其后的买进操作之意而重新卖出。

3.8月30日,买进远期外汇预约200万美元(买卖持有为0)。期限为1个月,10月3日交割,远期汇率1美元=239.70日元,买进理由:8月上旬美元行情虽为243日元,但当时未决定,故已错失良机,以后再未突破240日元。由于从日本流出资本颇巨,因此月底出现240日元时就把握此机会。

4.9月4日,买进一个月期远期外汇预约200万美元(买方持有200万美元),远期汇率1美元=241.90日元。理由:7月发表了从日本流出的长期资本净额为71.4亿美元,以致基本收支、综合收支均有大量的逆差,由于认为美元仍将趋坚,乃考虑预约增加买进。

5.9月18日,卖出远期美元预约400万美元(卖出持有200万美元)。合约内容:①采取第3笔预约买进部分的相反交易,即卖出远期外汇200万美元,10月3日交割,远期汇率1美元=247.30日元。到期结算时,可获得利益为(247.30-239.70)×200万日元=1 520万日元。②新卖出远期外汇合约200万美元,期限2个月,11月20日交割,远期汇率1美元=246.00日元。卖出理由:显示248日元的美元高价,预约买进的部分已获利,乃决定重新卖出。

6.9月25日,买进远期外汇预约400万美元(买进持有200万美元),其中200万为1个月期远期外汇,10月29日交割,远期汇率1美元=243.70日元;200万为2个月期远期外汇,11月27日交割,远期汇率1美元=247.80日元。买进理由:从9月18日的高价下跌近4日元所致。

7.10月1日,卖出远期外汇预约200万美元,此为预约买进部分的相反交易(持有为0)。因为第4笔的远期外汇预约买进部分获利,所以预约卖出约200万美元,10月8日交割,远期汇率1美元=246.50日元,到期结算可获得收益为(246.50-241.90)×200万日元=920万日元。

8.10月18日,卖出远期外汇预约200万美元(预约买进部分套利,卖出持有200万美元)。由于10月17日汇率到达250日元大关后,认为目前美元价位已达顶点,而且9月25日第6笔预约买进部分已获利,于是卖出远期外汇200万美元,10月29日交割,远期汇率1美元=249.00日元。

9.10月24日,从即期市场买进现货外汇预约200万美元(持有为0)。第2笔订立的卖出预约10月26日到期,必须在到期2日前以现货买回200万美元,2个营业日后即10月26日交割,即期汇率1美元=244.20日元,结算时损失为(244.20-242.40)×200万日元=360万日元。

10.11月8日,买进远期外汇预约(卖出预约部分的买回)200万美元(买进持有200万美元)。此为9月18日第5笔预约卖出部分的买回相反交易,11月20日交割,远期汇率1美元=240.70日元,到期结算时可获得收益为(247.30-240.70)×200万日元=1 320万日元。买进理由是现货240日元显示日元偏高,已获收益。

11.11月26日,预约卖出(预约买进部分的结算)远期外汇200万美元(持有为0)。此为第6笔预约买进的余额部分的相反交易,11月27日交割,汇率为1美元=245.70日元,结算时可获利(245.70-242.80)×200 万日元=580 万日元。

　　从以上多次外汇远期交易的总体上看,先买进后卖出的操作共 1 000 万美元,而先卖后买的操作仅 400 万美元,综合结果获利 6 160 万日元。先预约卖出远期美元,是为了防止万一美元下跌时所造成的损失。而从上例的美元、日元行情分析,以事先预约买进逐期美元的期货操作,则可获得上述程度的操作收益。

## 本章小结

　　1. 远期外汇交易又称期汇交易,是指外汇买卖双方成交后,按事先签订的外汇买卖合约在未来某日期进行交割的外汇交易。

　　2. 按照交割日是否确定,可将远期外汇交易分为固定交割日的远期外汇交易和选择交割日的远期外汇交易。其中,固定交割日的远期外汇交易又可以分为规则日期的远期外汇交易和不规则日期的远期外汇交易。

　　3. 标准的远期交割日应以标准的即期交割日为基准,同时采用“日对日、月对月、节假日顺延、不跨月”的法则来确定。

　　4. 银行同业间进行远期外汇交易同样会经历询价、报价、成交、证实、交割等环节。

　　5. 远期汇率的决定理论是利率平价学说,询价者可根据报价者的不同报价采用恰当的方法进行计算。

　　6. 可以利用远期外汇交易规避对外贸易及套利交易中的汇率风险,也可以利用远期外汇交易来投机。

## 关键概念

远期外汇交易　　择期外汇交易　　升水　　贴水　　抵补套利　　套期保值

## 本章思考题

**一、单项选择题**

　　1. 若标准的即期交割日是 2016 年 12 月 30 日(星期五),那么 2 个月远期外汇交易的交割日是(　　　)。

    A. 2017 年 2 月 28 日              B. 2017 年 3 月 1 日

    C. 2017 年 3 月 2 日              D. 2017 年 3 月 4 日

  2. 若某银行报出即期汇率 AUD/USD = 1.013 0/40,6 个月掉期率为 120/140,则远期汇率为(　　)。

    A. 1.027 0/1.026 0             B. 1.001 0/1.000 0

    C. 1.025 0/1.028 0             D. 0.999 0/1.002 0

  3. 在进行套利的同时又能规避汇率风险的是(　　)。

    A. 非抵补套利      B. 直接套利      C. 间接套利      D. 抵补套利

  4. 期汇交易所适用的汇率是(　　)。

    A. 买入汇率      B. 即期汇率      C. 卖出汇率      D. 远期汇率

  5. 当远期外汇的价格高于即期外汇的价格时,我们称该外汇远期(　　)。

    A. 贴水           B. 升水           C. 升值           D. 贬值

  6. 假定交易双方的成交日为某年的 3 月 29 日,如不考虑节假日情况,则 3 个月期的远期交割日为(　　)。

    A. 当年的 6 月 29 日             B. 当年的 6 月 31 日

    C. 当年的 6 月 30 日             D. 当年的 7 月 1 日

**二、计算题**

  1. 假设某日在中国外汇市场上的即期汇率为:USD1 = CNY6.801 5/35,3 个月的远期差价为 30/20 点。试问:(1)计算 3 个月期的远期汇率。(2)哪种货币在远期升水,哪种货币在远期贴水?

  2. 假定某日纽约外汇市场行情为:即期汇率 GBP/USD = 1.465 6,3 个月远期贴水 16 点。一家美国出口商签订向英国出口 50 000 英镑仪器的协议,预计 3 个月后才能收到货款,到时需将英镑兑换成美元核算盈亏。假若该出口商预测 3 个月后 GBP/USD 即期汇率将贬值到 1.445 6。不考虑其他费用,那么:

  (1)若美国出口商现在就收到 50 000 英镑货款,可获得多少美元?

  (2)若美国出口商现在收不到货款,也不采取避免汇率变动风险的保值措施,而是延后 3 个月才收到 50 000 英镑货款,他可获得多少美元? 相对现在收到货款兑换获得的美元损失多少?

  (3)若美国出口商现在收不到货款,准备采取保值措施,他如何利用远期外汇市场进行操作?

**三、简述题**

  1. 什么是远期外汇交易? 它有哪些种类?

  2. 什么是标准的远期外汇交易? 如何确定其远期交割日?

  3. 远期外汇交易有什么用途? 如何利用远期外汇交易来保值和投机?

  4. 何为抵补套利? 如何进行抵补套利?

# 第4章 外汇掉期交易

**引例：**

　　一家日本贸易公司向美国出口产品，收到货款500万美元。该公司需将货款兑换为日元用于国内支出。同时公司需从美国进口原材料，并将于3个月后支付500万美元的货款。此时，公司可以采取以下措施：叙做一笔即期对3个月期美元兑日元掉期外汇买卖：即期卖出500万美元，买入相应的日元，3个月远期买入500万美元，卖出相应的日元。通过上述交易，公司可以轧平其中的资金缺口，达到规避风险的目的。（资料来源：金投网）

　　**思考：**该公司通过掉期交易规避汇率风险的原理。

## 4.1 外汇掉期交易概述

　　20世纪80年代以来，外汇掉期市场迅猛发展，从1995年起，全球外汇掉期交易的日交易量已超过外汇即期交易和远期交易。

### 4.1.1 外汇掉期交易的含义与特点

**1）含义**

　　所谓外汇掉期交易，是指外汇交易者在买进或卖出某种货币的同时，卖出或买进同等数量但交割日期不同的同一种货币的外汇交易。简言之，外汇掉期交易就是同时买进和卖出金额相等、币种相同但交割日不同的外汇交易。需要注意的是，这里所说的买和卖都是针对基准货币而言的。

**2）特点**

　　外汇掉期交易实际上是在即期外汇交易和远期外汇交易的基础上衍生出来的一种外汇交易方式，它有以下特点。

　　（1）买和卖同时进行

　　即在买进某种货币的同时又卖出该种货币，强调它们的同时进行。这看似进行了两笔交易,但外汇掉期交易是视为一笔交易。

（2）买和卖的币种相同

外汇掉期交易要求买进和卖出的货币必须是同一种货币,例如,买进了一笔英镑,那么必须同时卖出英镑。另外,掉期交易中涉及的另一种货币也必须相同。

（3）买和卖的金额相同

外汇掉期交易还要求买进与卖出的货币金额要相等（通常针对基准货币而言）。例如,买进的英镑是 100 万,那么卖出的英镑也必须是 100 万。

（4）买和卖的交割日期不同

外汇掉期交易中要求买和卖的币种相同、金额相等,同时还要求买进货币的交割日与卖出同种货币的交割日必须是不同的。例如,买进的是 100 万即期英镑,而同时卖出的是 100 万远期英镑。所谓掉期,实际上就是将两笔外汇的期限做了掉换。

### 4.1.2　外汇掉期交易的类型

**1）按交易对手的不同划分,可分为以下两种类型**

（1）纯粹掉期

指交易者与同一交易对手同时进行两笔数额相同、方向相反、交易目的不同的外汇掉期交易。例如,A 银行从 B 银行买入 100 万英镑的即期,同时又卖给 B 银行 100 万英镑的远期。

（2）制造掉期

制造掉期又称分散掉期,它是由两笔分别单独进行的交易组成的,每笔交易分别与不同的交易对手进行。例如,A 银行从 B 银行买入 100 万英镑的即期,同时又卖给 C 银行 100 万英镑的远期。

**2）按掉期的期限划分,可分为以下 3 种类型**

由于外汇掉期交易中要求买和卖的交割期不同,所以每笔交易都会包含两个交割期限。根据交割期限的不同,可将外汇掉期交易分为一日掉期、即期对远期的掉期和远期对远期的掉期。

（1）一日掉期

指两笔币种相同、数额相同、交割日相差一天、方向相反的外汇掉期交易,主要用于银行同业的隔夜资金拆借。

在国际外汇市场上,一日掉期的常见组合主要有以下 3 种。

①Over/Night（O/N）Swap,即今日对明日的掉期。该种掉期交易的一个交割日在成交当日,另一个交割日在成交后的第 1 个营业日,即 T+0 对 T+1。

②Tomorrow/Next（T/N）Swap,即明日对后日的掉期。该种掉期交易的一个交割日在成交后第 1 个营业日,另一个交割日在成交后的第 2 个营业日,即 T+1 对 T+2。

③Spot/Next（S/N）Swap。该种掉期交易的一个交割日在成交后第 2 个营业日,另一个交割日在成交后的第 3 个营业日,即 T+2 对 T+3。该种掉期交易比较特殊,因为它有一笔交

易已经属于远期,因此,此种类型也可归到后面的即期对远期的掉期。

（2）即期对远期的掉期

指在买进一笔即期外汇的同时,卖出同一笔远期外汇;或是在卖出即期外汇的同时,买进同一笔远期外汇。即期对远期的掉期是掉期交易中应用得最广泛的一种掉期类型。

在国际外汇市场上,即期对远期的掉期的常见组合主要有以下两种。

①Spot/Week（S/W）Swap。该种掉期交易的一个交割日属于即期交割日,另一个交割日在即期交割日之后的某一周。

②Spot/Month（S/M）Swap。该种掉期交易的一个交割日属于即期交割日,另一个交割日在即期交割日之后的某一月。

（3）远期对远期的掉期

指在买进交割期限较短的远期外汇的同时,卖出同等数量的交割期限较长的同种远期外汇,即"买短卖长";或是在卖出交割期限较短的远期外汇的同时,买进同一笔交割期限较长的同种远期外汇,即"卖短买长"。例如,某进出口公司从一家银行买进 1 个月远期美元 500 万,同时又卖出 3 个月的远期美元 500 万给这家银行。在这种掉期交易中,虽然两笔交易都是远期交易,但它们的远期期限长短是不同的。这种掉期交易主要是一些中间商使用。

### 4.1.3　外汇掉期交易的操作程序

银行间的外汇掉期交易基本上也是按照询价、报价、成交、证实、交割这 5 个环节来进行的。只是在报价环节,询价方要特别注意理解报价行所报出的掉期点（或远期差价）的含义。

1）询价

在询价环节,询价方所要提供的信息与前面的即期交易、远期交易基本相同,即必须报出想询问的币种、金额、期限。如:某银行询问 CHF SWAP USD 5 MIO AG CHF SPOT/1 MOTH PLS,即该银行想询问 500 万美元兑瑞士法郎、即期对 1 个月期的掉期汇率。

2）报价

在掉期交易中,报价行依然采用双向报价。与远期外汇交易一样,报价行在接到询问电后,会报出两个远期差价,如 15/20,前为买价的掉期率,后为卖价的掉期率。

需要特别注意的是,掉期交易中的掉期率不仅仅表示远期汇率与即期汇率之间的差价,而且还代表着掉期交易的方向。买价的掉期率:代表报价行卖出近期交割的基准货币与买入远期交割的基准货币的汇率差价;而卖价的掉期率:代表报价行买入近期交割的基准货币与卖出远期交割的基准货币的汇率差价。

【例4-1】 2013 年 2 月 18 日 A 银行与 B 银行进行一笔 GBP/USD 的即期/3 个月远期的掉期交易。主要交易内容如下:

A: GBP SWAP 5 MIO AG USD SP/3MONTH

B: SWAP 50/54 SP 63/73

A: 50

B: OK DONE. TO CFM AT 50 I SELL AND BUY GBP 5 MIO AG USD RATE 1. 547 3 AG

1. 552 3 VAL FEB 20 2013 AND MAY 20 2013, MY USD TO B BANK NY MY GBP TO B BANK LDN. TKS FOR THE DEAL N BI.

A：OK AGREED. MY GBP TO A BANK LDN MY USD TO A BANK NY. TKS N BI.

# 4.2  掉期汇率的计算

## 4.2.1  掉期汇率的含义

在外汇掉期交易中,由于买和卖的交割期限不同,所以买和卖的价格也就不一样,两者之间的差价称为"掉期率"。它是由两种货币的利差决定的,并随利差的变化而变化。当两种货币的利差扩大时,掉期率会随之变大;当两种货币的利差缩小时,掉期率会随之变小。

掉期率实际上就是远期差价,但掉期交易中涉及的远期交割汇率不能直接套用远期汇率。因为,掉期交易中的掉期率虽然报价方法跟远期差价报价方法一样,均采用点数报价法,但掉期率的含义不同于远期差价,如前文所述,它不仅仅表示两个汇率之间的差价,同时也代表着掉期交易的方向。买价的掉期率代表报价行卖出近期交割的基准货币与买入远期交割的基准货币的汇率差价,即报价行是 SELL/BUY;卖价的掉期率代表报价行买入近期交割的基准货币与卖出远期交割的基准货币的汇率差价,即报价行是 BUY/SELL。如外汇银行报出的 GBP/USD 的 SP/3MONTH 的掉期率为 50/54,前面的 50 即为买价的掉期率,它表示的含义是报价行卖出即期英镑与买进 3 个月远期英镑的汇率差价是 50 点;后面的 54 即为卖价的掉期率,它表示的含义是报价行买入即期英镑与卖出 3 个月远期英镑的汇率差价是 54 点。

## 4.2.2  掉期汇率的计算

掉期差价的报价方法与远期差价的报价方法虽然相同,但掉期汇率的计算与远期汇率的计算方法却有不一样的内容。由于在掉期交易中,即期对远期的掉期是运用最广泛的,因此本书就只介绍即期对远期的掉期汇率的计算。

掉期汇率的计算与远期汇率的计算有相同的内容,即当我们发现掉期差价的排列表现为前小后大时往上加,当我们发现掉期差价的排列表现为前大后小时往下减;但掉期汇率的计算也有与远期汇率计算不同的内容,即掉期业务中的远期买入价是基准货币即期卖出价加或减第一个远期差价,远期卖出价是基准货币即期买入价加或减第二个远期差价。

【例 4-2】 某日外汇市场,GBP/USD 行情如下:

即期汇率　　　　　　　　　　1. 552 0/30

3 个月掉期差价　　　　　　　40/60

试分析报价行的掉期汇率。

分析：由于掉期差价表现为前小后大，因此应采用往上加的方法计算。报价行掉期交易的价格分别是：

①报价行买即期英镑：1.552 0，卖远期英镑：1.558 0

②报价行卖即期英镑：1.553 0，买远期英镑：1.557 0

【例4-3】　某日外汇市场，GBP/USD行情如下：

即期汇率　　　　　　　　1.552 0/30

3 个月掉期差价　　　　　80/60

试分析报价行的掉期汇率。

分析：由于掉期差价表现为前大后小，因此应采用往下减的方法计算。报价行掉期交易的价格分别是：

①报价行买即期英镑：1.552 0，卖远期英镑：1.546 0

②报价行卖即期英镑：1.553 0，买远期英镑：1.543 0

## 4.3　外汇掉期交易的运用

外汇掉期交易的应用主要表现为保值和投机。其中，保值主要适用于进出口保值、投资保值，以及外汇银行平衡外汇头寸。

### 4.3.1　进出口保值

进出口商利用掉期交易既能解决资金周转困难的问题，又能规避汇率风险。

【例4-4】　我国一家贸易公司向美国出口一批产品，收到货款 100 万美元。由于该公司目前急需资金，因此需将这 100 万美元兑换为人民币。同时，该公司需从美国进口原材料，将于 3 个月后支付 100 万美元的货款。中国银行当天对 USD/CNY 的报价是：即期汇率 6.522 4/34，3 个月掉期率 80/70。试比较该公司采用远期交易和掉期交易对 3 个月应付货款进行保值的效果。

分析：①这家贸易公司现收到 100 万美元的货款，由于短缺人民币资金，因此它会按照当天的即期汇率将 100 万美元卖出，换到 100×6.522 4＝652.24 万人民币。另外，由于 3 个月后将支付货款 100 万美元，于是它可以向银行买进一笔 3 个月的 100 万远期美元，远期汇率为 6.514 4/64，3 个月后该公司需向银行支付 651.64 万人民币，换取 100 万美元，固定了换汇成本。

②该公司若采用一笔 Sell Spot/Buy 3 M 的 USD/CNY 的掉期交易来处理上述业务的话，既可解决流动资金短缺的问题，也可达到固定换汇成本和规避汇率风险的目的，同时成本会比做远期交易更低。

Sell Spot USD：6.522 4

Buy 3M USD：$6.5224-0.0070=6.5154$

掉期交易中该公司买 3 个月远期 100 万美元的价格是 6.515 4,3 个月后公司向用户支付 651.54 万人民币,就可换取 100 万美元,比远期交易的购汇成本节约 0.1 万人民币。

### 4.3.2　对外投资保值

对外投资者在投资过程中,既需要外汇资金对外投资,同时又会面临汇率风险。因此,投资者可利用掉期交易来解决相应的问题。

【例 4-5】　我国某投资公司现需要 100 万美元现汇进行对外投资,预期在 6 个月后收回投资。考虑到 6 个月后收回美元投资时所存在的汇率风险,公司决定采用掉期交易进行保值,即在外汇市场上买进 100 万美元现汇的同时再卖出 6 个月的远期美元 100 万。假设当天银行对 USD/CNY 的报价为:

| | |
|---|---|
| 即期汇率 | 6.528 5/95 |
| 6 个月掉期差价 | 83/78 |

试分析该公司采用掉期交易对投资进行保值的结果。

分析:由于该投资公司现需外汇资金对外投资,6 个月后可收回投资,因此该公司掉期交易的做法是:买进 100 万美元现汇的同时,再卖出 6 个月的远期美元 100 万,以锁定 6 个月后收回美元投资时所面临的美元汇率下跌的风险。按照当天的市场行情,公司买进 100 万美元现汇需支付 $6.5295×100=652.95$ 万人民币,而卖出 6 个月的远期美元 100 万,可收回 $(6.5295-0.0083)×100=652.12$ 万人民币。

如果采用远期交易卖出 100 万 6 个月的远期美元,到时公司只能收回 $(6.5285-0.0083)×100=652.02$ 万元人民币,比掉期交易少收 0.1 万人民币。由此可见,外汇掉期交易在对外投资保值方面的效果也优于外汇远期交易。

### 4.3.3　外汇银行调整外汇头寸

当一般客户出于保值而与外汇银行做各种各样的外汇交易,相当于将风险转嫁给了银行,在这个过程中,外汇银行难免就会拥有各种各样的外汇头寸。当外汇银行存在不同期限的外汇头寸时,可分别通过即期交易和远期交易来平衡头寸,即当即期外汇交易出现敞口头寸时,就通过即期交易调整;当远期外汇交易出现敞口头寸时,就通过远期交易调整。这样做有两个缺点:①可能只做到了外汇买卖的总金额持平,而没有消除时间敞口;②会增加交易金额。如何解决这个问题呢? 其实外汇银行还可利用外汇掉期交易来调整。利用外汇掉期交易来调整,它既能扎平各种头寸(包括总金额的敞口头寸和时间头寸),规避汇率风险,又能大大降低交易金额,这对外汇银行的交易员来说绝对是一件好事。外汇银行可根据自己所持有的外汇头寸的具体情况,合理选择掉期交易的类型。

【例 4-6】　某银行在某个营业日内承做了以下 6 笔交易。

①买入即期欧元 100 万;

②卖出即期欧元 250 万;

③买入 1 个月远期欧元 150 万；

④卖出 1 个月远期欧元 50 万；

⑤买入 3 个月远期欧元 100 万；

⑥卖出 3 个月远期欧元 50 万。

试分析该银行分别通过即期交易、远期交易和掉期交易来调整头寸的效果。

分析：①先编制欧元的头寸表，见表 4-1。

表 4-1　欧元头寸表

| 期　　限 | 买　　入 | 卖　　出 | 差　　额 |
|---|---|---|---|
| 即期 | 100 | 250 | −150 |
| 1 个月远期 | 150 | 50 | 100 |
| 3 个月远期 | 100 | 50 | 50 |
| 合计 | 350 | 350 | 0 |

从欧元头寸表中可以发现：欧元买卖的总量是相等的，分别都是 350 万，欧元总金额是平衡的；但是从时间角度来看，就发现它的各个时间上的金额是不平衡的，即期欧元空头 150 万，1 个月远期欧元多头 100 万，3 个月远期欧元多头 50 万。

②针对以上情况，首先通过即期外汇交易和远期外汇交易来平衡头寸，即买入 150 万即期欧元，卖出 1 个月远期欧元 100 万，卖出 3 个月远期欧元 50 万。这样做也能平衡外汇银行的外汇头寸，规避汇率风险，但是它的交易金额总共是 300 万欧元。

③我们再来看通过掉期交易来平衡头寸的情况。该银行可叙做两笔即期/远期的掉期交易来调整外汇头寸：第一笔是买入即期欧元 100 万/卖出 1 个月远期欧元 100 万，第二笔是买入即期欧元 50 万/卖出 3 个月远期欧元 50 万。这两笔掉期交易做了以后，我们会发现该银行的欧元头寸在总量上是平衡的，在各个时间期限上也是平衡的，并且它的交易金额只有 150 万欧元。

### 4.3.4　进行盈利操作

根据套补的利率平价理论可知，掉期率是由两种货币的利差决定的，当两种货币的利差扩大时，掉期率也会变大；当两种货币的利差缩小时，掉期率也会变小。而掉期率在掉期交易中又直接决定着交易双方的盈亏大小。因此，根据对未来两种货币利差变化的预测，可以利用掉期交易作为盈利的工具，即投机。

在预期利差扩大的情况下，如果基准货币升水，就可先做一笔 Sell 远期 1/Buy 远期 2 的掉期交易，在远期 1 到期之前的两个营业日再做一笔 Buy 即期/Sell 远期 3 的掉期交易（远期 2 和远期 3 的到期日相同）；如果基准货币贴水，就可先做一笔 Buy 远期 1/Sell 远期 2 的掉期交易，在远期 1 到期之前的两个营业日再做一笔 Sell 即期/Buy 远期 3 的掉期交易（远期 2 和远期 3 的到期日相同）。

【例4-7】 假设当前外汇市场上 USD/CHF 的行情如下。

| 即期汇率 | 0.987 3/83 |
| --- | --- |
| 1M 掉期率 | 25/28 |
| 2M 掉期率 | 38/45 |
| 3M 掉期率 | 62/69 |

某交易者预期美元利率会下降,从而导致美元和瑞士法郎的利差会扩大。问:该交易者应该如何进行掉期交易以获利?

分析:由于交易者预期两种货币间的利差会扩大,并且从外汇银行报价可知:基准货币美元是升水的,因此,他应该通过如下的掉期交易来获利。

①现在入市先做一笔 Sell 1M/Buy 3M 的掉期交易,掉期率为 69-25＝44 点。由于美元远期升水,因此该交易者会亏损 44 点。

②如果 1 个月后,美元利率果真如预期的那样出现下降,导致美元和瑞士法郎之间的利差扩大,市场上 USD/CHF 的行情变为。

| 即期汇率 | 0.985 0/58 |
| --- | --- |
| 1M 掉期率 | 36/39 |
| 2M 掉期率 | 52/58 |
| 3M 掉期率 | 74/78 |

该交易者就再入市做一笔 Buy 即期/Sell 2M 的掉期交易,掉期率为 52 点。由于美元远期升水,因此,该交易者这笔掉期交易是盈利的,盈利 52 点。

③通过两笔掉期交易的反向操作,该交易者最终实现 52-44＝8 个点的利润。

在预期利差缩小的情况下,如果基准货币升水,就可先做一笔 Buy 远期 1/Sell 远期 2 的掉期交易,在远期 1 到期之前的两个营业日再做一笔 Sell 即期/Buy 远期 3 的掉期交易(远期 2 和远期 3 的到期日相同);如果基准货币贴水,就可先做一笔 Sell 远期 1/Buy 远期 2 的掉期交易,在远期 1 到期之前的两个营业日再做一笔 Buy 即期/Sell 远期 3 的掉期交易(远期 2 和远期 3 的到期日相同)。

【例4-8】 假设当前外汇市场上 AUD/USD 的行情如下。

| 即期汇率 | 0.709 3/99 |
| --- | --- |
| 3M 掉期率 | 30/35 |
| 6M 掉期率 | 69/72 |

某交易者预期 3 个月后澳元利率会上升,从而导致澳元和美元的利差会缩小。问:该交易者应该如何进行掉期交易以获利?

分析:由于交易者预期两种货币间的利差会缩小,并且从外汇银行报价可知:基准货币澳元是升水的,因此,他应该通过如下的掉期交易来获利。

①现在入市先做一笔 Buy 3M/Sell 6M 的掉期交易,掉期率为 69-35＝34 点。由于澳元远期升水,因此该交易者会盈利 34 点。

②如果 3 个月后,澳元利率果真如预期的那样出现上升,导致澳元和美元之间的利差缩

小,市场上 AUD/USD 的行情变为:

| | |
|---|---|
| 即期汇率 | 0.715 0/58 |
| 3M 掉期率 | 16/20 |
| 6M 掉期率 | 42/48 |

该交易者就再入市做一笔 Sell 即期/Buy 3 M 的掉期交易,掉期率为 20 点。由于澳元远期升水,因此,该交易者这笔掉期交易是亏损的,亏损 20 点。

③通过两笔掉期交易的反向操作,该交易者最终实现 34-20=14 个点的利润。

## 案例分析

### 外汇掉期交易在公司理财中的应用

地点:某银行理财室

人物:某公司财务经理(简称财务)、银行交易员(简称交易员)

财务:原计划 9 月 28 日要给德国客户付 100 万欧元的材料款,27 号深圳客户的 150 万欧元货款进账,正好能排开。但现在德方让我们公司必须在 9 月 23 日把欧元汇到他账上,现在公司账上只有 300 万美元,怎么办啊? 再卖美元买欧元? 现在汇率可有点高啊。

交易员:您不用急。今天是 2 号,您 27 号会收到 150 万欧元,现在 23 号就要用,对吧? 一笔掉期交易就能满足您的需要。您现在做一笔掉期,先在 23 号卖出美元买入 100 万欧元,把德方的材料款付了;然后在 27 号卖出 100 万欧元再买回美元,您 27 号的深圳货款正好能支付这笔欧元,这样就行了。您看,就是这样。

交易日　2005 年 9 月 2 日

首先约定　9 月 23 日　买入 EUR1 000 000　卖出美元,汇率 1.247 5

同时约定　9 月 27 日　卖出 EUR1 000 000　买入美元,汇率 1.247 68

财务:啊,正好和我的资金流匹配上。咦,怎么汇率不一样啊?

交易员:那是因为美元和欧元的利率不一样导致的,现在欧元两周的同业拆借利率只有 2 点多,美元却在 3 点几,考虑到货币的升贴水,近期汇率和远期汇率就会不一样,这个差别我们叫作掉期点。

财务:噢,我明白了。那要是德方要求延期付款,我也能用掉期了?

交易员:对啊,您真会举一反三啊。假如德方要求付款日推迟到 10 月 28 日,那您就可以这样做。

9 月 28 日　卖出 100 万欧元(原来准备支付的货款),买入美元(做一个月存款收息或其他用途)

10 月 28 日　买入 100 万欧元(支付德方货款),卖出美元(9 月份的存款到期正好支付)。

财务:听你这么一说,我明白了。那你再帮我分析分析,我们公司结算货币是美元,但准备在波兰成立一间合资公司,房租、工资等需要先期投入一些当地货币,我们又不熟悉该国货币,怎么办?

交易员:那我想知道,这间合资公司会有固定的资金收入么?是什么货币?

财务:预期半年后每月都有一定数额的资金收入,也是当地货币。

交易员:那就好办了,您也可以通过做一笔12个月的SELL/BUY美元掉期来解决。先卖出美元买入波兰兹罗提(PLZ),解决先期支付问题,然后累计6个月后每月的PLZ收入,按约定的汇率,在12个月后卖出PLZ换回美元。如果6个月的PLZ收入额比先期付款额还少,那我们还可以协商掉期的期限。这样,您就可以不用承担PLZ汇率波动的风险了。

财务:太好了!原来掉期这个工具这么有用啊!其实,它也很简单,就是一笔即期或远期外汇买卖,再加上一笔金额相同、方向相反的另一笔远期外汇买卖,对吧?我不做掉期,分两笔做效果也一样吧?

交易员:您只说对了一部分。掉期是由两笔交易组成的,但它是同时完成的一笔交易,这样,银行向您报价时,只会加收一次点差。而您如果分成两笔外汇买卖做,一方面银行每次都要收交易费用,另一方面每次买、卖本身都存在买入、卖出差价,您的交易成本就会更高。如果您的两笔交易不是同时成交,还要承担汇率、利率变动的风险。所以,做一笔掉期交易是成本最低的。

财务:我知道了,谢谢!一客不烦二主,再给我介绍介绍利率掉期吧!

交易员:好的。假设您公司有一笔美元贷款,5年期限的,每半年要付息一次,利率为6L+70BPS(6个月美元同业拆放利率+70个基本点)。您看,现在普遍认为,美元利率处于上升周期,如果不做利率掉期,仍按浮动利率支付,如果美联储每加息一次,您都要多支付相应的利率。

财务:是啊,现在6L是3.848 75%,要是美国11月加息25厘,那年底我要付的利率就不是3.848 75+0.7,而是(3.848 75+0.25)+0.7了,如果多加几次,我的成本可就增加多了。而且,浮动利率每天都在变化,不好控制,要是把每次付息数固定下来就好了。

交易员:呵呵,这就是利率掉期啊。就您这笔贷款而言,您原来每半年付息一次,利率为6L+70,共付10次;您可以通过利率掉期,每半年按5.18%的固定利率支付给银行,按6L+70的浮动利率从银行收取利息,然后再把收取的利息转支付给向您发放贷款的银行,这样,不就等于您把这笔浮动利率贷款转换为固定利率贷款了么?无论美元利率再怎么涨,您都只按5.18%的固定利率支付利息了,而且每次支付的利息金额都能确定下来了。

财务:是啊!这样就省事多了!那如果利率看跌时,把固定利率换为浮动利率也可以节约成本吧?

交易员:是的。一般地说,当利率看涨时,将浮动利率债务转换为固定利率较为理想;同理,当利率看跌时,将固定利率转换为浮动利率较好。利率掉期通常不涉及本金交换。

财务:那我要是又想把美元换成日元使用,又想把浮动利率换成固定利率付息可以么?

交易员:没问题。可以做货币利率互换,也有人把它叫作货币掉期(Currency Swap),交易双方按预先约定的汇率和利率水平,相互交换债务的本金及利息就行了。企业有任何规避风险的需求,都可以和银行的资金交易部门联系,银行会根据您的具体情况,"量身定做",

向您推荐合适的避险、理财工具的。

　　财务：外汇市场原来有这么多工具啊，下次再向你咨询吧！

　　交易员：随时欢迎，再见！

# 本章小结

　　1. 外汇掉期交易，是指外汇交易者在买进或卖出某种货币的同时，卖出或买进同等数量但交割日期不同的同一种货币的外汇交易。

　　2. 按掉期的期限划分，外汇掉期交易可分为即期对远期的掉期、即期对即期的掉期、远期对远期的掉期。

　　3. 掉期交易中的掉期率虽然报价方法跟远期差价报价方法一样，均采用点数报价法，但掉期率的含义不同于远期差价。买价的掉期率代表报价行卖出近期交割的基准货币与买入远期交割的基准货币的汇率差价，即报价行是 SELL/BUY；卖价的掉期率代表报价行买入近期交割的基准货币与卖出远期交割的基准货币的汇率差价，即报价行是 BUY/SELL。

　　4. 外汇掉期交易既可作为进出口商规避汇率风险的工具，也可作为外汇银行避免汇率风险的主要工具，还可以作为投机盈利的工具。

# 关键概念

外汇掉期交易　　纯粹掉期　　制造掉期　　即期对远期的掉期　　远期对远期的掉期

# 本章思考题

## 一、单项选择题

1. 掉期交易的两笔交易中，相同的内容是（　　）。

　　A. 币种和期限　　　　　　　　　　　B. 金额和币种

　　C. 交易方向和期限　　　　　　　　　D. 金额和交易方向

2. 掉期交易的两笔交易不同的是（　　）。

　　A. 方向和期限　　B. 币种和期限　　C. 金额和期限　　D. 金额和币种

3. T/N 掉期是指(　　　)。

　　A. T+0 交割的即期与 T+2 交割的即期　　B. T+0 交割的即期与 T+1 交割的即期

　　C. T+1 交割的即期与 T+2 交割的即期　　D. T+2 交割的即期与 T+3 交割的远期

4. 最常见的外汇掉期交易是(　　　)。

　　A. 一日掉期　　　　　　　　　　　　　　B. 即期对即期掉期

　　C. 即期对远期掉期　　　　　　　　　　　D. 远期对远期掉期

## 二、简述题

1. 什么是外汇掉期交易? 它有什么特点?

2. 外汇掉期交易有哪些种类?

3. 掉期率的买价、卖价各代表什么含义? 如何确定掉期交易的汇率?

4. 从事外汇掉期交易的动机有哪些?

# 第 5 章　外汇期货交易

**引例:卢布危机爆发　外汇期货大显身手**

2014 年 6 月以来,卢布持续贬值,特别是进入 12 月以来,美元/卢布最高升至 80.10,远远跌破了俄罗斯官方之前认为的 1 美元兑 50 卢布的汇率"生死线",卢布危机爆发。卢布危机中,外汇远期市场的价差大幅增加,交易成本增长 13 倍,诸多外汇现货交易平台关闭卢布交易,而莫斯科交易所的卢布外汇期货市场有效地发挥了套期保值功能,在卢布汇率巨幅波动之际为市场参与者提供了重要的风险对冲渠道。

卢布危机期间莫斯科交易所的外汇期货和外汇期权出现爆炸性增长。2014 年下半年,随着卢布不断贬值,莫斯科交易所的外汇期货交易量不断攀升。其中,2014 年 8 月外汇期权的交易量为 45 万张,9 月达到 130 万张,10 月为 664 万张,11 月甚至达到 1 724 万张。2014 年 11 月,莫斯科交易所的外汇期货日均交易量达到 519 万张,月底持仓量 498 万张,持仓的名义价值达到 2 550 亿卢布;外汇期权日均交易量 91 万张,持仓量 1 158 万张,持仓的名义价值约 5 460 亿卢布。

企业和金融机构大量使用外汇期货和外汇期权规避汇率风险。莫斯科交易所拥有 3 万客户,绝大多数是机构投资者。莫斯科交易所衍生品部负责人罗曼·苏尔兹克为卢布汇率的波动加剧增加了外汇风险对冲需求,导致了外汇期货交易量的上升,美元兑卢布外汇期货交易尤为活跃。2014 年下半年,随着外汇期货交易量快速上升,美元兑卢布期货的量仓比(交易量/持仓量)仍然维持在一个比较低的水平,介于 0.7～1.2,可见企业和机构投资者在充分利用卢布外汇期货市场开展风险对冲和避险,而非在卢布暴跌过程中加大市场投机。

各合约交易量和持仓量的变化细节也显示外汇期货的套期保值功能。随着 2014 年 12 月到期的美元兑卢布期货合约(URZ4)到期交割,市场交易量转移到 URH5 合约(2015 年 3 月到期的合约)。URH5 合约的交易量快速上升,甚至日均交易超过 400 万张。交易量快速增加的过程中,外汇期货的持仓量也快速增加,量仓比仍然大约为 1,显示投资者交易外汇期货的主要目的是套期保值,而不是短期投机。其他两个远月合约的量仓比更小,甚至小于 0.1。(资料来源:新华网)

**思考:外汇期货交易为何能成为企业的避险工具?**

期货是交易双方签订合约,按照约定的价格在确定的将来时间购买或出售某项资产的一种交易方式。金融期货距今只有 40 多年的历史,其诞生的标志是 1972 年美国的芝加哥商品交易所(CME)建立了国际货币市场,首次进行了 7 种货币的外汇期货交易;1975 年芝加哥谷物交易所(CBOT)进行了第一笔利率期货交易;1982 年股票指数期货合约在美国上市。期货交易提供了一种可供套期保值以规避风险或投机盈利的机制,使期货交易在国际金融市场上发挥的作用越来越大。外汇期货是产生最早也是最重要的一种金融期货。

# 5.1 外汇期货交易概述

## 5.1.1 外汇期货交易的含义

外汇期货交易是买卖双方通过期货交易所,按照约定的价格,在约定的未来时间买卖某种外汇合约的一种衍生金融工具交易。绝大多数外汇期货交易的目的不是为了获得货币在未来某日的实际交割,而是为了对汇率变动做类似于远期外汇交易所能提供的套期保值。

外汇期货交易的交易对象是外汇期货合约。外汇期货合约的具体内容包括交易币种、交易单位、报价方法、最小变动单位、购买数量限制、交易时间、交割月份、交割地点等。芝加哥商品交易所的国际货币市场约占全球外汇期货合约成交量的 90% 以上,表 5-1 为 IMM 外币期货合约的主要内容。

表 5-1　美国"国际货币市场"(IMM)外币期货合约的主要内容

| 项目 | 英镑 | 瑞士法郎 | 日元 | 加拿大元 |
|---|---|---|---|---|
| 交易单位 | GBP25 000 | CHF125 000 | JPY12 500 000 | CAD100 000 |
| 报价方法 | 美分/英镑 | 美分/瑞士法郎 | 美分/日元 | 美分/加元 |
| 最小变动单位<br>(基点数)<br>最小变动值<br>(美元值) | 5 点<br>0.000 5<br>$12.50 | 1 点<br>0.000 1<br>$12.50 | 1 点<br>0.000 001<br>$12.50 | 1 点<br>0.000 1<br>$12.50 |
| 每日涨跌幅 | 无限制 | 无限制 | 无限制 | 无限制 |
| 购买数量限制 | 6 000 张 | 6 000 张 | 6 000 张 | 6 000 张 |
| 初始保证金 | USD2 800 | USD2 000 | USD2 100 | USD900 |
| 维持保证金 | USD2 000 | USD1 500 | USD1 700 | USD700 |
| 交割月份 | 3、6、9、12 月 | 3、6、9、12 月 | 3、6、9、12 月 | 3、6、9、12 月 |

续表

| 项目 | 英镑 | 瑞士法郎 | 日元 | 加拿大元 |
|---|---|---|---|---|
| 交易时间（美国中部标准时间） | 7：30AM—1：24PM | 7：30AM—1：16PM | 7：30AM—1：30PM | 7：30AM—1：22PM |
| 交割地点 | 清算所指定的货币发行国银行 | 清算所指定的货币发行国银行 | 清算所指定的货币发行国银行 | 清算所指定的货币发行国银行 |

### 5.1.2　外汇期货交易的特征

从外汇期货合约的内容中，我们可以看出外汇期货交易存在以下特点。

**1）场内交易**

外汇期货只能在期货交易所内进行。期货交易所是人们从事期货交易的场所，它是一个非营利性机构，依靠会员缴纳的会费和契约交易费弥补支出。其主要工作是制订有关期货交易的规则和交易程序，监督会员行为。期货交易在固定场所集中进行，可以增加信息的透明度和提高市场的竞争性。

**2）实行保证金制度**

外汇期货交易每笔买卖成交时，买卖双方均需按照期货交易所的有关规定向经纪人缴纳一定的保证金，以确保买卖双方履行义务。一般经纪人收到客户缴存的保证金后，要依照规定的比例将客户的部分保证金转存于清算所，同时向客户收取交易手续费，以作为保证的代价。期货交易的保证金除了防止交易各方违约外，还是清算所结算制度的基础。保证金可分为初始保证金和维持保证金。初始保证金是客户在每一笔交易开始时缴纳的保证金，交易货币不同保证金也不同。应缴保证金的数量由清算所与交易所共同决定，根据期货价格的最大波动情况进行调整，通常每笔契约为 900～2 800 美元。维持保证金通常为初始保证金数额的 75% 左右，保证金额度根据每天收盘时头寸数量计算，一旦保证金账户余额下降到维持保证金水平或以下，客户就必须追加保证金到初始水平；若不追加，则客户的经纪人会强行"斩仓"。

**3）每日结算制度**

当每个营业日结束时，清算所要对每笔交易进行清算，即清算所根据清算价对每笔交易结清，这个制度又称为逐日盯市制度。超过初始保证金的一方可提取利润，低于维持保证金的一方则需补足保证金。由于实行每日清算，客户的账面余额每天都会发生变化，每个交易者都十分清楚自己在市场中所处的地位。如果想退出市场，则可做相反方向的交易来对冲。

**4）固定数量交易**

外汇期货交易按固定数量进行，但每个外汇期货交易所可以自行规定。如在 IMM，每份日元合约为 1 250 万，每份英镑合约为 2.5 万，等等。

**5）固定时间交割**

外货期货的到期日一般为每年的 3 月、6 月、9 月、12 月的第几周的周几，不同市场有不同约定,但通常固定在某一个时日。如 IMM 规定各种货币的交割月为 3 月、6 月、9 月和 12 月,以此循环;交割日为交割月的第 3 个星期的星期三。

**6)对冲交易**

外货期货交易中,约 95% 的合约将做对冲,只有很少一部分合约实行到期交割。

### 5.1.3　外汇期货交易与外汇远期交易的联系

外汇期货交易是由外汇远期交易发展、演变而来,因此它们之间存在密切的联系,既有相似点,也有许多区别。

外汇期货交易与外汇远期交易的共同点有:交易的客体相同,都是外汇;交易的基本原理相同;交易的目的都是为了防范风险或转移风险,达到保值或获利的目的;交易的经济功能相似,有利于国际贸易的发展,为客户提供风险转移和价格发现的机制。

外汇期货交易与外汇远期交易的不同点有以下 6 方面。

**1)交易对象不同**

外汇期货市场上交易的是外汇期货合约(Futures Contract),而远期外汇市场上交易的是远期外汇合约(Forward Contract)。前者是一种标准化的合约,交易额是用合同的数量多少来表示的,买卖额最小是一个合同,大的可以是几个合同。每个合同的金额,不同的货币有不同的规定。而外汇远期合约则无固定的规格,合约细则由交易双方自行商定,是非标准化的合约。

**2)交易者不同**

外汇期货交易的参加者可以是银行、其他金融机构、公司、政府和个人,只要按规定交纳保证金,均可通过外汇期货经纪商从事交易,对委托人的限制不如远期外汇交易,因为在远期外汇交易中,参与者大多为专业化的证券交易商或与银行有良好业务关系的大厂商,没有从银行取得信用额度的个人投资者和中小企业极难有机会参与远期外汇交易。

**3)交易组织不同**

外汇期货交易主要在期货交易所进行,采取公开喊价的方式成交,基本上是一个有形的市场。而外汇远期交易则是各银行同业间、银行与经纪人间以及银行与客户间通过电信手段来进行的无形市场,也就是通常所说的 OTC 市场。

**4)交易规则不同**

外汇期货交易采用保证金制度,每天的交易都要通过清算所进行清算,盈余者可以提走多余的现金,而亏损者则需要补交保证金。远期外汇交易是不需要保证金的,交易双方只在到期交割时进行结算。

**5)交易结果不同**

货币期货交易交割的方式有两种:①等到到期日交割。在实际操作中,只有很少的合同进行到期时的实际交割,只占 1%～2%;②随时做一笔相反方向的相同合同数量和交割月的期货交易,叫作"结清",绝大部分期货交易都是如此。如果你买了若干个外币期货合同,随后又卖出了同样数量的相同的合同,这样就不仅轧平了头寸,而且完全结清了自己已做过的合同,也就是说等合同到期时,你不用再去进行货币的收付了。而远期外汇交易,一般都会在指定交割日交割现货。此外,货币期货的交割都通过清算所统一进行,而远期外汇交易是客户与银行之间的直接清算交割。

### 6）交割日期的不同

外币期货合同中规定合同的到期日为交割月份的第 3 个星期的星期三(不同品种的交割月完全不同,外币期货的交割月份一般为每年的 3 月、6 月、9 月、12 月)。远期外汇交易则没有交割日期的固定规定,可由客户根据需要自由选择。此外,外汇期货合约是可以转让的,而远期外汇合约则不可转让,其流动性较弱。

## 5.1.4　外汇期货的功能

作为一种新型的外汇交易工具,外汇期货具有规避风险和发现价格的功能。

### 1）规避风险

规避风险是外汇期货市场的首要功能。投资者通过购买相关的外汇期货合约,在金融期货市场上建立与其现货市场相反的头寸,并根据市场的不同情况采取在期货合约到期前对冲平仓或到期履约交割的方式,实现其规避风险的目的。从整个金融期货市场看,其规避风险功能之所以能够实现,主要有以下 3 个原因。

①众多的金融商品持有者面临着不同的风险,可以通过达成对自己有利的交易来控制市场的总体风险。例如,进口商担心外汇汇率上升,而出口商担心外汇汇率下跌,他们提供反向的外汇期货交易,即可实现风险的对冲。

②金融商品的期货价格与现货价格一般呈同方向的变动关系。投资者在金融期货市场建立了与金融现货市场相反的头寸后,金融商品的价格发生变动时,则必然在一个市场获利,而在另一个市场受损,其盈亏可全部或部分抵消,从而达到规避风险的目的。

③金融期货市场通过规范化的场内交易,集中了众多愿意承担风险而获利的投机者。他们通过频繁、迅速的买卖对冲,转移了金融商品持有者的价格风险,从而使金融期货市场的规避风险功能得以实现。

### 2）发现价格

外汇期货市场的发现价格功能,是指外汇期货市场能够提供各种货币商品的有效价格信息。在外汇期货市场上,各种期货合约都有众多的买者和卖者,他们通过类似于拍卖的方式来确定交易价格。这种情况接近于完全竞争市场,能够在相当程度上反映出投资者对金融商品价格走势的预期和金融商品的供求状况。因此,某一期货合约的成交价格,可以综合地反映金融市场各种因素对合约标的商品的影响程度,一般都能及时播发至全球各地。

# 5.2 外汇期货交易的应用

外货期货交易和外汇远期交易的原理相似,是外汇交易者进行套期保值、规避风险和投机的金融工具,外货期货市场参加者可大致分为套期保值者和投机者。其中,套期保值者是那些希望减少某项外汇资产价格变动的风险而加入市场交易的参加者;投机者是愿意承担价格波动风险,通过从事低价买进、高价卖出的买空卖空活动来赚取收益的交易者。

## 5.2.1 套期保值

外汇期货市场上的套期保值主要是指国际经贸交往中的债权人和债务人为防止其预计收回的债权或将要支付的债务因计价货币贬值或升值而蒙受损失,将汇率风险控制在一定程度内,便在外汇期货市场上叙做一笔与外汇现货市场头寸相反、期限对称、金额相当的外汇期货交易,以达到保值的目的。在进行外汇期货套期保值时,应遵守以下原则。

(1)品种相同或相近原则

该原则要求投资者在进行套期保值操作时,所选择的期货品种与要进行套期保值的现货品种相同或尽可能相近。只有如此,才能最大程度地保证两者在现货市场和期货市场上价格走势的一致性。

(2)月份相同或相近原则

该原则要求投资者在进行套期保值操作时,所选用期货合约的交割月份与现货市场的拟交易时间尽可能一致或接近。

(3)方向相反原则

该原则要求投资者在实施套期保值操作时,在现货市场和期货市场的买卖方向必须相反。由于同种(相近)商品在两个市场上的价格走势方向一致,因此必然会在一个市场盈利而在另外一个市场上亏损,盈亏相抵从而达到保值的目的。

(4)数量相当原则

该原则要求投资者在进行套期保值操作时,所选用的期货品种其合约上所载明的商品数量必须与现货市场上要保值的商品数量相当。只有如此,才能使一个市场上的盈利(亏损)与另一市场的亏损(盈利)相等或接近,从而提高套期保值的效果。

外汇期货套期保值分为空头套期保值和多头套期保值。

(1)空头套期保值

空头套期保值主要是针对未来收入外汇者,如出口商、外汇投资者等。出口贸易合同一般是远期交货合同,从签约到收回货款有一个过程,在多数情况下,货款是以外币来计价和支付的,出口商须将外汇折成本币,因此,任何汇率的波动都会对出口商的实际收入产生影响。因此,出口商可以采取卖出外汇期货的方法来避免损失。外汇投资者有类似的情况,他们一般将资金投放到回报率较高的国外市场上,然而,在境外投资常常会碰到汇率波动的风险。虽然在境外市场上可能取得较高的投资回报率,但将投资所得货币折成本币时,就可能由于汇率波动而使本币的投资收益率下降,因此,国际投资者也需要利用外汇期货交易来达到保值的目的。

**【例5-1】** 美国某出口企业 A 公司于 2013 年 9 月 5 日出口一批价值为 6 000 万英镑的商品,用英镑计价结算,3 个月后取得货款。为减小汇率风险,A 公司拟做外汇期货套期保值以减小可能的损失。假设出口时和 3 个月后的英镑现货与期货价格如下所示。

| | 9 月 5 日 | 3 个月后 |
|---|---|---|
| 英镑现货价格 | USD 1.654 0/GBP | USD 1.584 0/GBP |
| 12 月份交割的 GBP 期货价格 | USD 1.655 0/GBP | USD 1.584 0/GBP |

A 公司的套期保值交易见表5-2。

表 5-2　空头套期保值示例

| | 现货市场 | 期货市场 |
|---|---|---|
| 9 月 5 日 | 预计 3 个月后将会收到 GBP 6 000 万英镑货款,其当前价值为 9 924 万美元。 | 以 USD 1.655 0/GBP 的价格卖出 2 400（6 000/2.5）份 12 月份英镑期货合约,总价值为 9 930 万美元。 |
| 3 个月后 | 收到 GBP 6 000 万英镑货款,按当前的现货价格 USD 1.584 0/GBP,可以转换为 9 504 万美元。 | 以 USD 1.584 0/GBP 的价格买入 2 400 份 12 月份英镑期货合约,总价值为 9 504 万美元。 |
| 盈亏状况 | 亏损:420 万美元( 即 9 504−9 924) | 盈利:426 万美元( 即 9 930−9 504) |
| 总头寸盈亏 | 净盈利:6 万美元 | |

（2）多头套期保值

多头套期保值主要是针对未来支出外汇者,如进口商、借款者等。进口商在贸易中要承担受领货物和支付货款的义务,如果一笔货款是以外币来计价和支付的,进口商须将本币兑换成外汇来支付,因此,任何汇率的波动都会对进口商的实际成本产生影响。对此,进口商可以采取买入外汇期货的方法来避免损失。外汇借款者有类似的情况,当他们筹借了外汇资金,而所借外汇汇率上升,就可能由于外汇汇率上升而带来借款成本的上升,因此,外汇借款者也需要利用外汇期货交易来达到保值的目的。

**【例5-2】** 假设某年 3 月 1 日,美国公司 A 从德国进口一批货物,价款为 3 000 万欧元,3 个月后用美元支付货款。为减小汇率风险,A 公司拟做外汇期货套期保值以减小可能的损失。假设进口时和 3 个月后的欧元现货与期货价格如下所示。

| | 3 月 1 日 | 3 个月后 |
|---|---|---|
| 欧元现货价格 | USD 1.253 5/EUR | USD 1.257 8/EUR |
| 6 月份交割的欧元期货价格 | USD 1.254 5/EUR | USD 1.259 0/EUR |

为规避欧元升值的风险,A 公司拟做外汇期货套期保值以减小可能的损失,其套期保值交易见表 5-3。

表 5-3  多头套期保值示例

| | 现货市场 | 期货市场 |
|---|---|---|
| 3 月 1 日 | 预计 6 月份对外支付 3 000 万欧元的货款,以 USD1. 253 5/EUR 计算的进口成本为 3 760.5 万美元。 | 以 USD1. 254 5/EUR 的价格买入 240(3 000/12. 5)份 6 月份交割的欧元期货合约,总价值为 3 763.5 万美元。 |
| 6 月 1 日 | 货款 3 000 万欧元按当前的现货价格 USD1. 257 8/EUR 计算,其进口成本为 3 773.4 万美元。 | 以 USD1. 259 0/EUR 的价格卖出 240 份 6 月份交割的欧元期货合约,总价值为 3 777 万美元。 |
| 盈亏状况 | 亏损:12. 9 万美元( 即 3 773.4-3 760.5) | 盈利:13. 5 万美元( 即 3 777-3 763.5) |
| 总头寸盈亏 | 净盈利:0. 6 万美元 | |

### 5.2.2  投  机

外汇期货市场的投机是指交易者根据其对未来市场走势的预测和判断,通过买卖外汇期货合约,从中赚取差价的交易行为。主要可分为单笔头寸投机和价差头寸投机。

#### 1)单笔头寸投机

单笔头寸投机可以分为做多和做空。做多即买空,就是当投机者预测某种外汇的期货价格将会上升,便买入该外汇期货合约,待以后择机对冲,如价格上升便盈利,否则就受损。做空即卖空,则是当投机者预测某种外汇的期货价格有下跌之势,便先行卖出该外汇期货合约,待以后再择机买进,若价格下跌便盈利,否则就受损。

【例 5-3】  某年 9 月 3 日,IMM 12 月份加元的期货价格为 USD0. 742 5/CAD,某投机者预测加元期货将进入牛市,便买进 4 手 12 月份加元期货合约。10 月中旬时,12 月份加元期货价格真的上扬,到 11 月中旬已涨至 USD0. 742 9/CAD,该投机者此时对冲平仓,便可获利 USD160[4×100 000×(0. 742 9-0. 742 5)]。

【例 5-4】  某年 10 月 7 日,IMM 欧元的现货和期货的价格如下所示:欧元现货价格 USD1. 164 3/欧元,12 月份欧元期货 USD1. 164 9/欧元,次年 3 月份欧元期货 USD1. 167 7/欧元。从上述价格中可以看出,市场预期欧元相对美元将会上涨。然而某投机者认为未来欧元的价格将会下跌,于是他于 10 月 7 日这天卖出了 1 份次年 3 月份欧元期货合约。假设到了 3 月 10 日这天,欧元现货价格为 USD1. 165 1/欧元,3 月份欧元期货合约的价格为 USD1. 165 3/欧元,均高于 10 月 7 日那天欧元的现货价格,但却低于 10 月 7 日该投机者卖出此 3 月份欧元期货的价格。因此,尽管欧元的现货价格并未如该投机者预测的那样下跌,但由于期货价格的下跌,该投机者此时对冲平仓仍可获利 USD300[125 000×(1. 167 7-1. 165 3)]。

可见,单笔头寸投机的关键是对未来期货价格的判断。

### 2)价差头寸投机

由于单笔头寸投机的风险极大,所以外汇期货市场上有相当部分的投机都属于价差头寸投机。价差头寸投机也称套利,是指投机者同时买入和卖出两种相关的外汇期货合约,过一段时间再将手中的合约同时平仓,从两种合约的相对价格变动中获利。与其他金融期货一样,外汇期货的价差头寸也可以分为商品内价差和商品间价差。

【例5-5】 某年8月12日IMM英镑的现货和期货价格如下所示:GBP现货价格USD 1.448 5/GBP,9月份GBP期货价格USD1.448 0/GBP,12月份GBP期货价格USD 1.446 0/GBP,次年3月份GBP期货价格USD1.446 0/GBP,次年6月份GBP期货价格 USD1.447 0/GBP。某投机者预计未来英镑相对美元将会贬值,但又担心单笔头寸投机风险过大,所以决定卖出1份价格相对高估的次年3月份GBP期货合约,同时买入1份价格相对低估的12月份GBP期货合约,建立一个价差头寸来达到其投机获利的目的。

假设12月11日,市场上12月份GBP期货合约的价格下跌为USD1.431 3/GBP,次年3月份GBP期货合约的价格下跌为USD1.425 3/GBP。若投机者此时对冲平仓,结束所有头寸。则12月份GBP期货合约的亏损为-USD367.50[25 000×(1.431 3-1.446 0)],但次年3月份GBP期货合约却盈利USD517.50[25 000×(1.446 0-1.425 3)],因此,总获利USD150。

## 案例分析

### 外汇期货的套期保值

#### 1. 空头套期保值

某美国投资者发现欧元利率高于美元利率,于是他决定购买50万欧元以获得高息,计划投资3个月,但又担心在此期间欧元对美元贬值。为避免欧元汇价贬值的风险,该投资者利用外汇期货市场进行空头套期保值,具体操作过程见表5-4。

**表5-4 利用外汇期货市场进行空头套期保值操作流程**

| 现货市场 | 期货市场 |
|---|---|
| 3月10日<br><br>当日欧元即期汇率为1美元=0.744 5欧元,购买50万欧元,付出67.16万美元 | 3月10日<br><br>卖出4张2014年6月到期的欧元期货合约,每张金额为12.5万欧元,成交价格为1.345 0美元/欧元(用银行标价方式则为0.743 5欧元/美元) |
| 6月10日<br><br>当日欧元即期汇率为1美元=0.825 1欧元,出售50万欧元,得到60.6万美元 | 6月10日<br><br>买入4张12月到期的欧元期货合约,每张金额为12.5万欧元,成交价格为1.210 1美元/欧元(用银行标价方式则为0.826 4欧元/美元),与3月10日的卖出价格比,期货合约下跌13 450-12 101=1 349个点,每个点的合约价值为12.5美元,4张合约共获利:4×1 349×12.5=6.75万美元 |
| 损失6.56万美元 | 获利6.75万美元 |

该投资者投资 50 万欧元,因欧元汇价下跌而在即期外汇市场上损失 6.56 万美元。但是由于他同时在外汇期货市场上做了套期保值交易,使得即期市场的损失可以从期货市场的获利中得到弥补。当然,若欧元汇价在这期间上涨,该投资者在即期市场的获利也将被期货市场的损失抵消。由此可见,外汇期货市场套期保值的操作实质上是为现货外汇资产"锁定汇价",减少或消除其受汇价上下波动的影响。

**2. 多头套期保值**

在 6 月 10 日,某美国进口商预期 3 个月后需支付进口货款 2 500 万日元,目前的即期汇率为 1 美元 = 146.70 日元。该进口商为避免 3 个月后因日元升值而需付出更多的美元来兑换成日元,就在外汇期货市场买入 2 张 9 月到期的日元期货合约,进行多头套期保值。具体操作过程见表 5-5。

**表 5-5   利用外汇期货市场进行多头套期保值操作流程**

| 即期市场 | 期货市场 |
|---|---|
| 6 月 10 日<br><br>当日即期汇率为 1 美元 = 146.70 日元;2 500 万日元价值 170 416 美元,预计日元可能升值 | 6 月 10 日<br><br>买入 2 张 9 月份到期的日元期货合约每张金额为 12 500 000 日元,成交价为 0.006 835 美元/日元,用外汇期货市场的报价方法即为 6 835 点,用银行间外汇报价方式则为 146.30 日元/美元 |
| 9 月 10 日<br><br>当日即期汇率为 1 美元 = 142.35 日元;从即期市场买入 2 500 万日元,需付出 175 623 美元 | 9 月 10 日<br><br>卖出 2 张 9 月份到期的日元期货合约,成交价格为 7 030 点(用银行间外汇报价方式则为 142.25 日元/美元) |
| 成本增加 = 175 623 − 170 416 = 5 207(美元) | 获利 = (7 030 − 6 835)×12.5×2 = 4 875(美元) |

该进口商于 3 个月后实际支付日元贷款时,因日元汇价上升而需多付出 5 207 美元的成本,但因他同时在外汇期货市场上做了多头套期保值,使成本的增加可从期货市场的获利中大致得到弥补。当然,若 9 月 10 日的日元汇价下跌,则即期市场上成本减少的好处将被期货市场的亏损大致抵消。

**3. 交叉套期保值**

一家日本公司在 6 月 10 日预计 3 个月后将收到一笔 250 000 英镑的款项。如果在此 3 个月中,英镑对日元的汇率下跌,则该公司最终收到 250 000 英镑将兑得较少日元。为规避这种风险,该公司希望利用外汇期货实施套期保值。然而,目前的外汇期货市场却没有日元和英镑间的期货合约可供交易。所以,只能通过日元合约与英镑期货合约实行交叉套期保值。

假设 6 月 10 日外汇市场的即期汇率如下:日元:138.50 日元/美元,英镑:1.607 5 美元/英镑,日元与英镑的交叉汇率为:233.84 日元/英镑。

3个月后,外汇市场的即期汇率如下:日元:135.45 日元/美元;英镑:1.6075 美元/英镑;交叉汇率:217.74 日元/英镑。

可以看到,3个月以后日元升值,而英镑贬值。因此,该公司要事先实行交叉套期保值。具体做法是:买入日元期货,同时卖出英镑期货。过程见表5-6。

**表5-6　利用外汇期货市场进行交叉套期保值操作流程**

| 即期市场 | 期货市场 |
|---|---|
| 6月10日<br><br>日元:138.50 日元/美元;英镑:1.6162 美元/英镑;25 万英镑相当于 55 960 000 日元 | 6月10日<br><br>买入9月份日元期货合约4张,成交价为7 236点相当于(138.20 日元/美元),卖出9月份英镑期货合约4张,成交价为1.6176 |
| 9月10日<br><br>日元:135.45 日元/美元;英镑:1.6075 美元/英镑;交叉汇率:217.74 日元/英镑;25 万英镑可兑成54 435 000 日元 | 9月10日<br><br>卖出9月份日元期货合约4张,成交价为7 385点(相当于135.40 日元/美元),买入9月份英镑期货合约4张,成交价为1.6082 |
| 损失=55 960 000－54 435 000＝1 525 000(日元) | 获利:日元:(7 385－7 236)×4×12.5＝7 450(美元)<br>英镑:(6 176－6 082)/2×4×12.5＝2 350(美元)<br>合计:9 800 美元,按 9 月 10 日汇价相当于1 327 410 日元 |

# 本章小结

1.外汇期货是指在固定的场所进行的标准化的、受法律约束的,并规定在将来某一特定时间和地点交收一定金额的某种货币的期货合约。

2.远期外汇交易是外汇期货交易的基础,两者的交易原理与经济功能基本相同,在价格(即汇率)上存在着相互影响、相互制约的关系,在一定程度上还可以相互替代、相互补充。但两者除了具有期货与远期的一般区别外,在报价方式、交易者和交易目的上也都存在着较大的差异。

3.外汇期货合约是期货交易所制定的以货币为交易标的的一种标准化合约,因此,合约对交易单位、最小变动价位、交易时间、交割月份等内容都进行了统一的规定。

4.外汇期货交易是场内交易,实行保证金制度和逐日盯市制度。

5.外汇期货的运用主要在套期保值和投机两大领域。

## 关键概念

外汇期货交易　初始保证金　维持保证金　逐日盯市　对冲　套期保值

## 本章思考题

### 一、单项选择题

1. 可以用买入外汇期货进行套期保值的有（　　）。

　　A. 持有外汇资产者，担心未来货币贬值

　　B. 持有外汇资产者，担心未来货币升值

　　C. 外汇短期负债者担心未来货币升值

　　D. 国际贸易中的出口商担心收汇时外汇汇率下跌

2. 下列交易中，实行每日结算制度的是（　　）交易。

　　A. 外汇即期　　　　B. 外汇远期　　　　C. 外汇掉期　　　　D. 外汇期货

3. 假设 2016 年 12 月英镑的期货价格是 1.489 5 美元，当时的现货价格是 1.479 5 美元，则其基差为（　　）美元。

　　A. 0.010 0　　　　B. −0.010 0　　　　C. 1.484 5　　　　D. 1.479 5

4. 如果套期保值者对市场价格走势的判断错误，下列说法正确的是（　　）。

　　A. 期货市场将盈利　　　　　　　　B. 现货市场将亏损

　　C. 期货市场将亏损　　　　　　　　D. 期货市场和现货市场的盈亏刚好抵消

### 二、简述题

1. 简述外汇期货交易的概念及特点。

2. 简述外汇期货合约的主要内容。

3. 简述外汇期货交易与外汇远期交易的区别。

4. 简述利用外汇期货交易进行套期保值的原理。

# 第6章 外汇期权交易

**引例：**

　　某年5月1日欧元/美元即期报价1.26左右，由于市场对欧元升息预期持续加温，美元利差优势将开始缩小，林小姐预测欧元将持续上涨，因此她选择买入欧元看涨期权。以招行个人期权合约的报价为例，执行价为1.289 2，7月31日到期的欧元看涨期权，1手期权合约（100欧元为1手）价格假设为1.17美元，那么投资者用1 170美元买入1 000欧元的看涨期权。欧元在5月23日上涨到1.285 1，假设期权报价1.85美元，如果选择卖出看涨期权获利了结，则可获利680美元，利润率58%；但林小姐预期欧元仍能持续上升，并在到期日时达到1.30。通过计算林小姐发现，在到期日，如果汇率真能如预期涨到1.30，将可得到期权金＝期权的内在价值＝（1.30－1.289 2）×100×1 000手＝1 080美元，扣除投资期权费1 170美元，亏损90美元。通过比较发现，选择出售期权将比持有到期所获得的收益率更高，因此林小姐选择平仓欧元看涨期权，获利了结。

　　**思考：**什么是外汇期权的内在价值？

## 6.1　外汇期权交易概述

　　1982年12月，外汇期权交易在美国费城股票交易所首先进行，其后芝加哥商品交易所、阿姆斯特丹的欧洲期权交易所和加拿大的蒙特利尔交易所、伦敦国际金融期货交易所等都先后开办了外汇期权交易。美国费城股票交易所和芝加哥期权交易所是世界上具有代表性的外汇期权市场，经营的外汇期权种类包括英镑、瑞士法郎、德国马克、加拿大元、法国法郎等。

### 6.1.1　外汇期权交易的含义与特征

**1）含义**

期权是指期权购买者在向出售者支付一定费用后，就可以获得在一定期限内以某一特定价格向出售者买进或卖出一定数量的某种特定商品的权利。金融期权是以金融商品为基础资产或标的资产的期权,即金融期权是赋予其购买者在规定期限内按协定价格或执行价格买入或卖出特定数量的某种金融资产的权利的合约。

外汇期权交易是指交易双方在规定的日期或在此之前按商定的条件和一定的汇率,就将来是否购买或出售某种外汇的选择权进行买卖的交易。期权购买者向期权出售者支付一定费用后,就获得了按期权合约规定的汇率在合约到期前或到期日买入或卖出一定数量某种货币的权利;而出售者在收取期权费后就承担了按购买者要求卖出或买入某种货币的责任。对于期权购买者而言,期权是一项权利,而不是一种义务或责任。也就是说,当外汇市场变化使期权购买者按期权合约买入或卖出某种货币比在即期市场上交易更有利时,期权购买者就行使这种权利;否则,他可以放弃这种权利,而不需承担任何责任和义务,因此期权也称为选择权。外汇期权交易是 20 世纪 80 年代初期的一种金融创新,是外汇风险管理的一种新方法。

**2)特征**

①不论是履行外汇交易的合约还是放弃履行外汇交易的合约,外汇期权买方支付的期权费都不能收回。

②外汇期权交易的协定汇率都是以美元为报价货币。

③外汇期权交易的买卖双方权利和义务是不对等的,即期权的买方拥有选择的权利,期权的卖方承担被选择的义务,不得拒绝接受。

④外汇期权交易的买卖双方的收益和风险是不对称的。对期权的买方而言,其成本是固定的,而收益是无限的;对期权的卖方而言,其最大收益是期权费,损失是无限的。这个特点是由权利与义务的不对称性决定的,详见表6-1。

表6-1 买卖双方权利与义务的不对称性表现

|  | 期权买方 | 期权卖方 |
|---|---|---|
| 权利 | 按协定汇率购买或出售某种外汇 | 收取期权费 |
| 义务 | 支付期权费 | 无条件履约 |

**3)与外汇期货交易的区别**

(1)买卖双方权利义务不同

外汇期货交易的风险收益是对称性的。期货合约的双方都赋予了相应的权利和义务。如果想免除到期时履行期货合约的义务,必须在合约交割期到来之前进行对冲,而且双方的权利义务只能在交割期到来时才能行使。

而外汇期权交易的风险收益是非对称性的。期权合约赋予买方享有在合约有效期内买进或卖出的权利。也就是说,当买方认为市场价格对自己有利时,就行使其权利,要求卖方履行合约。当买方认为市场价格对自己不利时,可以放弃权利,而不需征求期权卖方的意见,其损失不过是购买期权预先支付的一小笔权利金。由此可见,期权合约对买方是非强迫性的,其有执行的权利,也有放弃的权利;而对期权卖方具有强迫性。在美式期权中,期权的买方可在期权合约有效期内任何一个交易日要求履行期权合约;而在欧式外汇期权交易中,买方只有在期权合约履行日期到来时,才能要求履行期权合约。

(2)交易内容不同

在交易的内容上,外汇期货交易是在未来远期买卖一定数量外汇的标准化合约;而外汇期权交易买卖的是权利,即在未来某一段时间内按敲定的价格,买卖某种外汇的权利。

(3)交割价格不同

期货到期交割的价格是竞价形成,这个价格的形成来自市场上所有参与者对该合约标的物到期日价格的预期,交易各方注意的焦点就在这个预期价格上;而期权到期交割的价格在期权合约推出上市时就按规定敲定,不易更改,是合约的一个常量,标准化合约的唯一变量是期权权利金,交易双方注意的焦点就在这个权利金上。

(4)保证金的规定不同

在外汇期货交易中,买卖双方都要交纳一定的履约保证金;而在外汇期权交易中,买方不需要交纳保证金,因为他的最大风险是权利金,所以只需交纳权利金,但卖方必须存入一笔保证金,必要时须追加保证金。

(5)价格风险不同

在外汇期货交易中,交易双方所承担的价格风险是无限的。而在外汇期权交易中,期权买方的亏损是有限的,亏损不会超过权利金,而盈利则可能是无限的——在购买看涨期权的情况下;也可能是有限的——在购买看跌期权的情况下。而期权卖方的亏损可能是无限的——在出售看涨期权的情况下;也可能是有限的——在出售看跌期权的情况下;而盈利则是有限的——仅以期权买方所支付的权利金为限。

(6)获利机会不同

在外汇期货交易中,做套期保值就意味着保值者放弃了当市场价格出现对自己有利时获利的机会,做投机交易则意味着既可获厚利,又可能损失惨重。但在外汇期权交易中,由于期权的买方可以行使其买进或卖出期货合约的权利,也可放弃这一权利,所以,对买方来说,做外汇期权交易的盈利机会就比较大,如果在套期保值交易和投机交易中配合使用外汇期权交易,无疑会增加盈利的机会。

(7)交割方式不同

外汇期货交易的商品或资产,除非在未到期前卖掉期货合约,否则到期必须交割;而外汇期权交易在到期日可以不交割,致使期权合约过期作废。

(8)标的物交割价格决定不同

在期货合约中,标的物的交割价格(即期货价格)由于市场的供需双方力量强弱不定而随时在变化。在期权合约中,标的物的敲定价格则由交易所决定,交易者选择。

(9)合约种类数不同

期货价格由市场决定,在任一时间仅能有一种期货价格,故在创造合约种类时,仅有交割月份的变化;期权的敲定价格虽由交易所决定,但在任一时间,可能有多种不同敲定价格的合约存在,再搭配不同的交割月份,便可产生数倍于期货合约种类数的期权合约。

## 6.1.2 外汇期权交易的基本术语

期权的买方(Taker):购买期权的一方,即支付期权费获取选择权的一方,也称为期权的多头方。

期权的卖方(Granter):出售期权的一方,即获得期权费,从而承担接受买方选择的义务,也称为期权的空头方。

执行价格(Strike Price):期权合约中规定的期权购买者有权买入或卖出某种货币的汇率。场内交易的执行价格由交易所依据汇率变化趋势确定,场外交易的执行价格则由买卖双方协商共同决定。交易所给出的执行价格有若干个,交易者可以从一系列价格中自己选择,从而扩大了交易者交易策略运用的范围。

到期日(Maturity):期权合约有效的最后日期。到期月是指期权失效的月份,而到期日是该月中的某一天。外汇期权的到期月一般是3月份、6月份、9月份和12月份,到期月也可以是紧挨着以上月份的最后两个月。例如,费城股票交易所外汇期权的正常到期日为到期月第3个星期三之前的星期五。

期权费(Premium):又称期权价格、权利金等,是指订立期权合约时,买方支付给卖方的无追索权的费用,即期权购买者为购买期权所赋予的权利而支付的成本。

定约日:期权的买卖双方签订期权交易合约的日期。

## 6.1.3 外汇期权交易的类型

外汇期权交易种类繁多,按照不同标准可分为不同的类型,主要有以下5种分类方法。

**1)按行使期权的有效期限不同分类**

(1)美式期权

美式期权(American Option)是指外汇期权买方在外汇期权合约到期日之前的任何一个营业日都可以按协定汇率履约的外汇期权。它的灵活性较大,因而价格也高一些。

(2)欧式期权

欧式期权(European Option)是指外汇期权合约的买方仅在合约到期日才能决定是否按协定汇率买卖某种货币的一种外汇期权。

**2)按买方行使期权时的权利不同分类**

(1)看涨期权

看涨期权(Call Option)又称买权,是指在期权到期日或到期日之前,买方可以按协定汇率买进某种货币的权利。

(2)看跌期权

看跌期权(Put Option)又称卖权,是指在期权到期日或到期日之前,买方可以按协定汇率卖出某种货币的权利。

**3）按执行价格和即期汇率的关系不同分类**

（1）实值期权

实值期权是指协议价格低于即期汇率的看涨期权和协议价格高于即期汇率的看跌期权。

（2）虚值期权

虚值期权是指协议价格高于即期汇率的看涨期权和协议价格低于即期汇率的看跌期权。

（3）平值期权

平值期权是指协议价格等于即期汇率的期权。

实值、虚值和平值期权描述的是期权在有效期内某个时点的状态。随着时间的变化，即期汇率会不断变化，同一期权的状态也会不断变化。

**4）按期权交易的基础资产的不同分类**

（1）外汇现汇期权

外汇现汇期权是指期权买方有权在期权到期日或到期日之前以协定汇价购入或出售一定数量的某种外汇现货。经营国际现汇期权的主要是美国的费城证券交易所、芝加哥国际货币市场和英国的伦敦国际金融期货交易所。

（2）外汇期货期权

外汇期货期权是指期权买方有权在到期日或到期日之前，以协定的汇价购入或售出一定数量的某种外汇期货，即买入延买期权可使期权买方按协定汇价取得外汇期货的多头地位；买入延卖期权可使期权买方按协定汇价建立外汇期货的空头地位。买方行使期货期权后的交割同于外汇期货交割，而与现汇期权不同的是，外汇期货期权的行使有效期均为美国式，即可以在到期日前任何时候行使。经营外汇期货期权主要有芝加哥的国际货币市场和伦敦的国际金融期货交易所两家。

（3）期货式期权

期货式期权又称期权期货，是由于汇率波动频繁导致外汇期权的期权费具有很大的不确定性，为了规避这种不确定性所带来的风险而产生的。其与一般的期货合同类似，交易双方均需交纳保证金，每天都按期权收市价格相对于期权合同执行价格的变动额进行盈亏结算。当人们预期期权行市上涨，就会买入看涨期权的期货，如果期权行市果然上涨，买入者获利，出售者亏损；反之，则买入者亏损，出售者盈利。

（4）复合期权

复合期权是基于期权的期权。期权的买方在支付期权费以后获得一项按预先预定的期权费买入或卖出某种标准期权的权利。复合期权有两个执行价格和两个到期日，其中前一期权可视为一般期权，而后一期权则针对前一期权的权利金进行交易，即以前一期权的权利金与后一期权的执行价格作比较来决定是否执行后一期权。履约时以执行价格买入或卖出前一期权。复合期权可用来规避可能发生的不确定的汇率风险。

### 5）按交易场所的不同分类

（1）场内交易期权

场内交易期权是指在有组织的交易场所内进行交易的期权。场内交易期权与外汇期货是一样的，都是标准化合约。合约的期限、协议价格、金额等都是标准化的，交易程序与期货交易程序大体相同。场内期权交易由专门的期权清算所进行清算，信用风险全部由清算所承担。

（2）场外交易期权

场外交易期权是指在交易场所以外，以电话、电传等通信网络进行联系并达成交易的期权合约。场外交易期权是非标准化的期权，期权的成交额、执行价格、到期日等都由买卖双方自行协商，具有很大的灵活性。场外交易期权不经过清算所清算，也无担保，买卖双方需承担对方的信用风险。

## 6.2　外汇期权价值构成及其影响因素分析

### 6.2.1　外汇期权的价值分析

外汇期权价格（期权费）主要由期权的内在价值和时间价值构成。

#### 1）内在价值分析

内在价值指期权持有者立即执行期权所获得的收益。如果此收益为负，那么价值为零。外汇看涨期权 $t$ 时刻的内在价值可表示为

$$IC(t) = \max[S(t) - X, 0]$$

式中　$IC(t)$——$t$ 时刻看涨期权的内在价值；

　　　　$S(t)$——$t$ 时刻外汇即期汇率；

　　　　$X$——期权合约的执行价格；

　　　　$\max$——取 $S(t) - X$ 和 0 中较大者。

外汇看跌期权 $t$ 时刻的内在价值可表示为

$$IP(t) = \max[X - S(t), 0]$$

式中　$IP(t)$——$t$ 时刻看跌期权的内在价值；

　　　　$S(t)$——$t$ 时刻外汇即期汇率；

　　　　$X$——期权合约的执行价格；

　　　　$\max$——取 $X - S(t)$ 和 0 中较大者。

一旦定义了内在价值，实值期权和虚值期权的概念就更直接了。有内在价值的期权称为实值期权，没有内在价值的期权称为虚值期权和平值期权。内在价值是期权价值的重要组成部分，所以一般来说，实值期权的价格较高，平值期权和虚值期权的价格较低。

2）时间价值分析

时间价值也称外部价值，是期权价格超过其内在价值的部分。随着时间的推移，存在货币的市场汇率向有利方向变动从而使投资者获得期权增值的可能性，投资者为此而付出的成本称为时间价值。期权的时间价值与距到期日的时间长短成正比。时间越长，时间价值越高；时间越短，时间价值越低；至到期日，时间价值为零。

## 6.2.2　影响外汇期权价格的主要因素

一般来说，外汇期权价格主要由5个方面的因素决定。

1）期权合约的协定汇率与市场汇率的关系

协议汇率与市场汇率之差决定着期权的内在价值。对看涨期权而言，当协议汇率一定时，市场汇率越高，内在价值越大，从而外汇期权的价格可能越高；相反，市场汇率越低，内在价值越小，从而外汇期权的价格越低。对看跌期权而言，当协议汇率一定时，市场汇率越高，内在价值越小，从而外汇期权的价格可能越低；相反，市场汇率越低，内在价值越大，从而外汇期权的价格越高。

2）离到期日时间

外汇市场汇价多变性是时间价值的源泉。一般而言，距离到期日越长，汇率变动可能性越大，时间价值越大，从而外汇期权的价格越高；相反，距离到期日越短，汇率变动可能性越小，时间价值越小，从而外汇期权的价格越低。特别是美式期权表现更为明显。

3）汇率的波动程度

外汇市场汇率波动程度通过影响期权时间价值从而影响期权的价格。简单地理解，期权交易所涉及的外汇汇率波动程度越大，在相同的期限内期权卖方所承担的风险也就越大，买方获利的机会也就越大，因此卖方会向买方要求更多的补偿，即更高的期权费；相反，期权交易所涉及的外汇汇率波动程度越小，在相同的期限内期权卖方所承担的风险也就越小，买方获利的机会也就越小，因此卖方会向买方要求相对较少的补偿，即较低的期权费。

4）利率差别

在期权交易中，卖方存在潜在的头寸风险。例如，卖出一笔欧元看涨期权，一旦欧元汇率升值，期权合约被执行，卖方就会亏损。因此，为抵补亏损，卖方会通过远期外汇买卖等对潜在头寸的全部或部分保值，而这必然牵涉货币之间的利率差别。货币之间的利率差别，影响着卖方的融资成本，从而货币利率差便会成为期权价格的影响因素之一。当此差额因A货币理论上升或B货币利率下降而扩大时，A货币的看涨期权（B货币的看跌期权）价格上升，A货币的看跌期权（B货币的看涨期权）价格下降。

5）远期汇率水平

对于现汇期权而言，远期汇率或期货价格也是左右期权价格的重要因素。通常较高的远期汇率水平会强化人们对未来即期汇率上涨的预期，因而，通过市场供求力量的相互作用,外汇现汇看涨期权的期权费势必随远期汇率的上升而上升,而外汇现汇看跌期权的期权价格则会下跌。

## 6.3  外汇期权的基本交易策略及其运用

外汇期权的基本交易策略是指持有单一的外汇看涨期权或看跌期权应该采用的交易策略。

### 6.3.1  买入看涨期权

当看涨期权到期时,期权的价值等于其内在价值(时间价值为 0),即
$$C(t) = IC(t) = \max[S(t) - X, 0]$$
式中  $C(t)$——看涨期权到期价值;

$t$——到期日;

$S(t)$——到期日外汇汇率。

假设起初看涨期权价格为 $C_0$,则到期损益 $= \max[S(t) - X - C_0, -C_0]$。即汇率 $S(t)$ 在小于执行价格 $X$ 时,投资者的最大损失为起初购买价格 $C_0$;当汇率 $S(t)$ 超过执行价格 $X$ 时,投资者的损失开始减少;当汇率 $S(t)$ 超过执行价格与买权的最初价格之和时,投资者开始有盈余,超过越多盈余越多,如图 6-1 所示。看涨期权的盈亏平衡点等于执行价格加期权费,即 $X + C_0$。

因此,持有看涨期权的基本交易策略应该是:①当外汇的市场汇率低于执行价格时,买方就放弃执行期权合约,此时如果是投机者就亏损最初的期权费,如果是保值者就在现汇市场上以较低的价格买入所需外汇。②当外汇的市场汇率高于执行价格而低于盈亏平衡点时,买方就执行期权合约,此时,如果是投机者还是会亏损,但小于最初的期权费,如果是保值者就按照执行价格买入所需外汇。③当外汇的市场汇率高于盈亏平衡点时,买方就执行期权合约,此时如果是投机者开始盈利,如果是保值者就按照执行价格买入所需外汇。

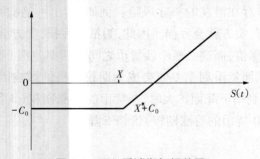

图 6-1  买入看涨期权损益图

【例6-1】　某美国公司从瑞士进口一批货物,2个月后支付货款62 500瑞士法郎,为了防止瑞士法郎在2个月后大幅度升值,该公司进入期权市场购买了一份欧式看涨期权,合约情况如下。

执行价格:CHF1 = USD0.63;有效期:2个月;期权价格:USD0.02/CHF。

到期日,该公司将视到期时的即期汇率与执行价格的关系来决定其交易策略及进口成本,具体情况见表6-2。

表6-2　进口商买入看涨期权的交易策略及进口成本

| CHF即期汇率 | 交易策略 | 进口成本 |
|---|---|---|
| 0.60 | 不执行期权合约 | 38 750美元(62 500×0.60+62 500×0.02) |
| 0.63 | 不执行期权合约或执行均可 | 40 625美元(62 500×0.63+62 500×0.02) |
| 0.64 | 执行期权合约 | 40 625美元(62 500×0.63+62 500×0.02) |
| 0.65 | 执行期权合约 | 40 625美元(62 500×0.63+62 500×0.02) |
| 0.70 | 执行期权合约 | 40 625美元(62 500×0.63+62 500×0.02) |

从表6-2的分析可以看出,进口商利用看涨期权来规避汇率风险是比较好的,因为当瑞士法郎上涨超过0.63时,其进口成本被锁定在40 625美元;当瑞士法郎汇率下跌时,进口商可以获得成本不断下降的好处。

### 6.3.2　出售看涨期权

由于出售看涨期权合约的一方只有义务而没有权利,因此它谈不上交易策略,只是顺应买方的要求执行期权合约或者放弃合约。再加上外汇期权交易是典型的零和交易,因此,出售看涨期权合约一方的损益图是买入看涨期权损益图关于横坐标对称的图形,如图6-2所示。

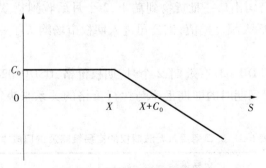

图6-2　卖出看涨期权损益图

### 6.3.3　买入看跌期权

当看跌期权到期时,期权的价值等于其内在价值(时间价值为0),即

$$P(t) = IP(t) = \max[X - S(t), 0]$$

式中　$P(t)$——看跌期权到期价值;

$t$——到期日；

$S(t)$——到期日外汇汇率。

假设起初看跌期权价格为 $P_0$，则到期损益 $=\max[X-S(t)-P_0,-P_0]$。即汇率 $S(t)$ 在大于执行价格 $X$ 时，投资者的最大损失为起初购买价格 $P_0$；当汇率 $S(t)$ 低于执行价格 $X$ 时，投资者的损失开始减少；当汇率 $S(t)$ 低于执行价格与卖权的最初价格之差时，投资者开始有盈余，低得越多盈余越多，如图6-3所示。看跌期权的盈亏平衡点等于执行价格减期权费，即 $X-P_0$。

因此，持有看跌期权的基本交易策略应该是：①当外汇的市场汇率高于执行价格时，买方就放弃执行期权合约，此时如果是投机者就亏损最初的期权费，如果是保值者就在现汇市场上以较高的价格卖出相应外汇。②当外汇的市场汇率低于执行价格而高于盈亏平衡点时，买方就执行期权合约，此时如果是投机者还是会亏损，但小于最初的期权费，如果是保值者就按照执行价格卖出相应外汇。③当外汇的市场汇率低于盈亏平衡点时，买方就执行期权合约，此时如果是投机者开始盈利，如果是保值者就按照执行价格卖出相应外汇。

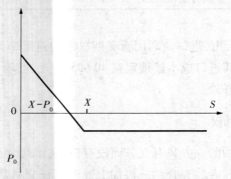

图6-3　买入看跌期权损益图

【例6-2】　某美国公司出口一批货物到瑞士，2个月后收到货款62 500瑞士法郎，为了防止瑞士法郎在2个月后大幅度贬值，该公司进入期权市场购买了一份欧式看跌期权，合约情况如下。

执行价格：CHF1＝USD0.63；有效期：2个月；期权价格：USD0.02/CHF。

到期日，该公司将视到期时的即期汇率与执行价格的关系来决定其交易策略及出口收益，具体情况见表6-3。

表6-3　进口商买入看涨期权的交易策略及进口成本

| CHF即期汇率 | 交易策略 | 出口收益 |
| --- | --- | --- |
| 0.58 | 执行期权合约 | 38 125美元（62 500×0.63－62 500×0.02） |
| 0.60 | 执行期权合约 | 38 125美元（62 500×0.63－62 500×0.02） |
| 0.63 | 不执行期权合约或执行均可 | 38 125美元（62 500×0.63－62 500×0.02） |
| 0.64 | 不执行期权合约 | 38 750美元（62 500×0.64－62 500×0.02） |
| 0.65 | 不执行期权合约 | 39 375美元（62 500×0.65－62 500×0.02） |

从表6-3的分析可以看出,出口商利用看跌期权来规避汇率风险是比较好的,因为当瑞士法郎下跌低于0.63时,其出口收益被锁定在38 125美元;当瑞士法郎汇率上升时,出口商可以获得收益不断提高的好处。

### 6.3.4　出售看跌期权

出售看跌期权合约的一方与出售看涨期权合约一样,同样只有义务而没有权利,因此也谈不上交易策略,只是顺应买方的要求执行期权合约或者放弃合约。因此,出售看跌期权合约一方的损益图是买入看跌期权损益图关于横坐标对称的图形,如图6-4所示。

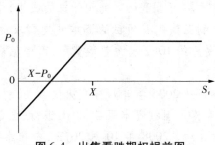

图6-4　出售看跌期权损益图

## 案例分析

### 累计外汇期权合约适合做套期保值吗?

随着经济全球化进程的加快,企业对外投资、进出口等业务都广泛涉及外汇的兑换,而自从布雷顿森林体系解体后,汇率开始大幅波动,进出口企业不可避免地会面临汇率风险。因此,加强汇率风险管理、利用金融工具转移风险成为现代企业的基本财务管理要求之一。

然而,由于我国现代金融业起步较晚、发展滞后,金融工具和金融监管与西方发达国家之间差距巨大,我国企业对创新金融工具,尤其是对金融衍生工具往往并不十分了解。加上西方投资银行利用知识和信息的不对称,对国内相关企业进行欺骗利用,使国内企业频繁出现巨大的投资亏损。2008年,中信泰富投资累计外汇期权就造成了巨大的亏损,影响广泛。一时间,国人对创新金融工具"谈虎色变",甚至有人提出应禁止国企使用金融工具套期保值。本文将详细分析中信泰富事件,进而说明目前我国需要的不是限制创新金融工具的使用,而是要促进金融创新。

#### 1. 事件起因

中信泰富的前身泰富发展有限公司成立于1985年。1986年通过新景丰公司获得上市资格,同年2月,泰富发行2.7亿股新股给中国国际信托投资(香港集团)有限公司,使中信(香港集团)持有泰富64.7%股权。自此,泰富成为中信子公司。而后,中信(香港集团)通过百富勤配售部分泰富股份,使中信(香港集团)对泰富的持股量下降至49%,目前已降至

41.92%。1991 年泰富正式易名为中信泰富。中信泰富现上市于香港联合交易所,是恒生指数的成份股,属于蓝筹股。此外,因为其大股东是国企中信集团,中信泰富也被视为红筹股。红加蓝就是紫色,于是,一些香港的分析师把中信泰富戏称为"紫筹股"。公司业绩优良,2007 年年报显示公司盈利高达 108.43 亿港元。早在 2006 年,公司董事会主席荣智健曾展望了中信泰富的 3 大主营业务:钢铁、航空、地产。在荣智健看来,未来几年中信泰富将把钢铁业务作为主要增长动力的核心业务,而航空、地产成为了"守成"式的日常营收业务。为了拓展核心业务,中信泰富曾先后收购了内地 3 家龙头特钢企业。2008 年中信泰富全年特种钢业务净利润大幅提升 68%,盈利达 28.44 亿港元,成为对中信泰富利润贡献最大的业务。

中信泰富在澳大利亚西部经营着一个铁矿,为了支付从澳大利亚和欧洲购买的设备和原材料款,公司需要澳元和欧元。而为了锁定美元开支的成本,中信泰富开始投资累计外汇期权进行对冲。据估计,澳大利亚铁矿石项目的资本开支需求约为 16 亿澳元和 8 500 万欧元,随后的 25 年经营期内需要大约 10 亿澳元营运费用,而中信泰富签署的外汇合约总额却高达 90 亿澳元和 1.6 亿欧元。

为对冲澳元升值风险,公司从 2006 年开始与花旗银行、渣打银行、瑞信、美国银行、巴克莱银行、巴黎银行香港分行、摩根士坦利资本服务、汇丰银行、国开行、德意志银行等 13 家银行共签订 24 款外汇累计期权合约。2008 年 10 月 20 日,中信泰富发出盈利预警,称由于澳元大幅贬值,其持有的累计澳元期权合约已经确认 155 亿港元的亏损,并称早在 9 月已经察觉其潜在风险。2008 年 11 月 12 日,中信泰富公布中信集团拯救方案,后者将购买中信泰富 116.25 亿元换股债券,并接手一批潜在亏损的澳元合约。2009 年 3 月 25 日,中信泰富公布 2008 年度业绩,净利润亏损 126.62 亿元,其中澳元外汇合约亏损 146.32 亿元。2009 年 4 月 8 日,荣智健辞去主席及董事之职,范鸿龄则辞去董事总经理之职。

累计期权(Knock Out Discount Accumulator)是一种以合约形式买卖资产(股票、外汇或其他商品)的金融衍生工具,为投资银行(庄家)与投资者的场外交易,一般投行会与客户签订长达 1 年的合约。累计期权合约设有取消价(Knock Out Price)及行使价(Strike Price)。行使价低于取消价,而行使价通常比签约时的市价有所折让,这样,以行使价买入资产显然要比以市价买入有所折扣。从投资者的角度来看:本文定义行使价与取消价之间的价格区间为投资者获利区间。合约生效后,当挂钩资产的市价在取消价和行使价之间,即当挂钩资产的价格在投资者获利区间波动时,投资者可定时以行使价从庄家买入指定数量的资产,行使买入的权利并获得收益,而且,在投资者获利区间内,挂钩资产的价格越高,投资者收益越大,相当于投资者为看涨期权多头。当挂钩资产的市价高于取消价,即当挂钩资产的市价向上突破投资者获利区间时,合约便终止,投资者不能再以折让价买入资产,投资者不能获得资产价格上涨的收益,这说明投资者买入的权利及收益受到限制,即看涨期权有封顶的限制。当挂钩资产的市价低于行使价时,投资者便须定时用行使价买入双倍甚至 4 倍数量的资产,直至合约完结为止。即当挂钩资产价格跌破投资者获利区间时,投资者还是必须以高于市价的价格买入资产(或者说投资银行有权以高于市价的行使价格卖出资产给投资者),投资者亏损。此时,挂钩资产价格越低,投资者亏损越大,相当于投资者为看跌期权空头。

综上所述,挂钩资产价格在投资者获利区间波动时,投资者获得收益,且挂钩资产价格越往上走,投资者收益越大;当挂钩资产价格高于投资者获利区间时,投资者收益为0;当挂钩资产价格低于投资者获利区间时,投资者亏损,价格越低,亏损越大且加倍。由此可以看出,累计期权相当于投资者向庄家卖出看跌期权,而所得的折让购入权就是变相的期权金,但是玩法较期权更复杂。累计期权的游戏规则显然较偏袒于投资银行一方,因为就算投资者看对了方向,如果挂钩资产价格升破了取消价,合约会提早终止,庄家的损失有限;而一旦看反了方向,投资者却没有这样的止损保护,相反,会以两倍甚至4倍的幅度扩大亏损。

中信泰富为了降低投资西澳铁矿石项目面对澳元升值的风险,签订了3种标的累计期权式的外汇合约,对冲澳元、欧元以及人民币升值的影响。其中澳元合约占绝大部分,也是亏损最严重的,下面将主要分析澳元合约。

公开披露信息显示:中信泰富在2008年7月分别与花旗银行、巴克莱银行、巴黎银行、摩根士坦利、汇丰银行、德意志银行等密集签署了16份每月结算的澳元合约,合约杠杆绝大多数为2.5倍。当价格有利时,中信泰富每月须购买416万~3 000万澳元,但当价格不利时,中信泰富每月则须购买2.5倍的澳元,损失也必然成2.5倍放大。通过统计方法,我们可以将这16份合约标准化为15份同样的合约。即交易标的:澳元兑美元汇率。签署时间:2008年7月16日。合约开始结算时间:2008年10月15日。到期时间:2010年9月(24个月)。加权行权价:0.89美元(而7月15日的收盘价为0.979美元)。按月支付,价格有利时每月须购买1 000万澳元,不利时每月须购买2 500万澳元。当汇率在0.89以下时,澳元每跌1分钱,中信泰富的亏损将是:$0.01 \times 2\,500 \times 24 \times 15 = 9\,000$(万美元),约合7亿港币。也就是说澳元贬值1分,中信泰富要亏7亿港币。显然,中信泰富的澳元合约对澳元贬值非常敏感,澳元一旦贬值,亏损将是无底洞,风险巨大。当情况不利时,中信泰富将以0.89美元的价格总共买入$2\,500 \times 24 \times 15 = 90$(亿澳元),远远超出实际的澳元需求。就算以后2年内每一个月的价格都对中信泰富有利,中信泰富也将总共买入$1\,000 \times 24 \times 15 = 36$(亿澳元),远大于实际需要的16亿澳元。显然,中信泰富签署这样的合约,已经不再是所谓的为西澳铁矿石项目做汇率风险规避,反而是在进行汇率投机了。而这种对赌性质的投机,选择的对手却是精于此道的投资银行,这就是人们常说的利令智昏。2008年10月20日,中信泰富因投资杠杆式外汇产品而巨亏155亿港元。其中包括约8.07亿港元的已实现亏损和147亿港元的估计亏损,而且亏损还可能继续扩大。2009年3月26日,中信泰富公布2008年全年业绩,大亏126.62亿港元。公司从2007年盈利100亿港元到2008年的亏损100多亿港元,都是累计期权惹的祸。国际投行仅用3个月的时间就轻而易举地掠走了中信泰富2年多的劳动果实。

**2.巨亏原因**

(1)目标错位

对于中信泰富而言,为了开发澳大利亚西部的铁矿石项目,其目标应是锁定购买澳元的成本,也就是最小化澳元波动的风险,为未来外汇需求做套期保值。而这种套期保值需求完全可以通过买入普通的看涨期权来达到,就算日后澳元大幅下跌,中信泰富也可以放弃买入权,损失的也不过是之前支付的期权费而已。然而,中信泰富签订的这些累计期权合约显然是为了进行投机,其目标函数是利润最大化,对风险没有任何约束。换言之,中信泰富的汇率风险是完全敞开的,而不是对外汇需求做套期保值。

(2)量价错配

中信泰富在2008年7月签订了16份合约。当澳元兑美元的价格走势对其有利(即市价处于投资者获利区间)时,如前所述,中信泰富最少也必须购买36亿澳元;而当价格大幅下跌时,则可能要被迫购买高达90亿澳元。然而,中信泰富的真实澳元需求却只有16亿,这是量上错配。在价格上,中信泰富的选择更是糟糕。7月份,美国次贷危机发展成金融危机,并逐渐转化为经济危机。石油、有色金属等大宗商品的价格开始大幅下跌。澳大利亚作为主要的铁矿石、铝矿石和铜矿石等资源出口国,其经济必将受到经济危机的沉重打击。即使在当时看,澳元走软的可能性也很大,而新西兰的货币在5月份就已经开始贬值了,中信泰富选择如此高的行使价显然是不明智的。

(3)工具错选

累计期权不是用来套期保值的,而是一个投机产品。在场外市场,由于企业需求各异,通常需要定制不同的产品来满足不同的需求,而在产品定制过程中,企业自身应发挥主导作用,选择合适的工具,而不应被投资银行诱惑后牵着鼻子走。事实上,在绝大多数情况下,通过对远期、期货、互换、期权等进行简单的组合,就可以达到企业特定的套期保值需求。明明可以选择简单易懂的工具达到目的,为何要选择复杂的、自己并不精通的工具呢?

(4)对手欺诈

国外投行利用其信息、专业和定价优势,恶意欺诈投资者。即便在最理想的情况下,中信泰富最大盈利为5 150万美元。然而因为定价能力不对等,行使价格过高,签订合约时,由于合约有利于投行,中信泰富一开始就已经隐性巨额亏损了。中信泰富签订的这类合约,无论从定价到对冲机制上都很复杂,一般投资者根本不知道产品应如何估值、如何选择行使价,不知道如何计算与控制风险,因此,很容易约定过高的行使价,同时低估其潜在的风险。而作为交易对手的投资银行或者商业银行,拥有大量专业人才,对衍生品的数学模型具有多年的研究经验,充分掌握估值与风险对冲技术,同时,对国际经济形势有较为准确的把握和预测。因此,交易双方存在严重的知识与信息不对称。单从定价角度考虑,与国际投行做复杂衍生产品交易,就是与虎谋皮。

### 3. 启示

中国作为制造业出口大国,同时又是资源相对匮乏的国家,对大宗商品的需求绝非小数目。面对外汇价格的剧烈波动,国内企业存在巨大的外汇套期保值需求。但现实问题是,一方面国内企业巨大的套期保值需求得不到满足;另一方面,在国内,衍生工具又经常被误解为洪水猛兽,基本金融衍生工具迟迟不能推出,场外衍生品几乎没有。从我国企业使用衍生产品的实践看,表现为以下几个特点:一是套期保值的主要目的是降低商品价格波动风险,大多采取"期货与现货并举"的完全避险策略;二是使用的衍生产品主要集中在商品期货,较少使用利率、汇率衍生产品;三是大多数企业对金融衍生产品缺乏了解,对衍生产品交易的风险存在畏惧心理,避险产品使用的规模和范围远远低于发达国家水平;四是参与金融衍生产品交易的企业交易水平、风险控制力度不够,套期保值效果不够理想,套期不保值甚至出现巨额亏损的案例经常见诸报端。

由于避险需求在国内无法得到满足,迫使企业只有选择与狼共舞:不少民营企业和境外注册的国企通过国际投行参与衍生品交易,一些境内国有企业被迫避开监管涉足场外衍生品交易。中信泰富等中国公司参与境外衍生品交易接连失利,暴露了中资企业在对冲风险、寻求金融支持过程中的无奈与尴尬。所以,对于管理层而言,不仅不能因为美国的次贷危机和中信泰富等企业衍生品交易的失利而对金融创新持否定态度;相反,为了满足国内企业庞大的套期保值需求,应加快金融创新,完善金融体系,同时加强金融监管和人才培养,加强对相关企业金融衍生品知识的普及和教育。只有体系建立了、制度完善了、专业人才培养起来了、相关知识普及了,才能从根本上杜绝悲剧的重演,才能使我国的金融业真正壮大起来。只有金融业和实体经济都发展起来了,两条腿都开始走路了,中国才能真正算得上经济强国。

## 本章小结

1. 外汇期权交易是指交易双方在规定的日期或在此之前按商定的条件和一定的汇率,就将来是否购买或出售某种外汇的选择权进行买卖的交易。对于期权购买者而言,期权是一项权利,而不是一种义务或责任。

2. 外汇期权有看涨期权和看跌期权两种基本类型。持有看涨期权的买方有权利依据合约所约定的汇率购买某种外汇资产,持有看跌期权的买方有权利依据合约所约定的汇率卖出某种外汇资产。

3. 期权费是指期权买方支付给卖方的无追索权的费用,是期权购买者为购买期权所赋予的权利而支付的成本。影响外汇期权费的因素主要有即期汇率、远期汇率、协定汇率、外汇波动率、无风险利率、到期期限等。

4. 外汇期权的基本交易策略是指持有单一的外汇看涨期权或看跌期权时应采用的交易策略。

## 关键概念

外汇期权 执行价格 期权费 看涨期权 看跌期权 美式期权 欧式期权 内在价值 时间价值

# 本章思考题

## 一、单项选择题

1. 对于某份执行价格为 1.255 0 美元的欧元看跌期权而言,当欧元的市场汇率为( )美元时,该期权处于实值状态。

A. 1.225 0       B. 1.255 0       C. 1.265 0       D. 1.275 0

2. 在期权交易中,买方为了获得相应的权利必须支付( )。

A. 保证金       B. 抵押金       C. 权利金       D. 佣金

3. 对于看涨期权的多头而言,当( )时会执行期权。

A. 市场价格高于执行价格       B. 市场价格低于执行价格

C. 市场价格不高于执行价格       D. 市场价格等于执行价格

4. 赋予买方权利的外汇业务是( )。

A. 远期外汇业务    B. 货币期货业务    C. 外币期权业务    D. 掉期业务

5. 外汇期权买方在外汇期权合约到期日之前的任何一个营业日都可以按协定汇率履约的外汇期权是( )。

A. 欧式期权       B. 美式期权       C. 看涨期权       D. 实值期权

## 二、简述题

1. 什么是外汇期权?为什么说期权是一种选择权?

2. 外汇期权交易与外汇期货交易有哪些区别?

3. 外汇期权的价值构成及影响期权费的因素有哪些?

4. 外汇期权的基本交易策略是怎样的?如何利用外汇期权交易套期保值和投机?

实务与案例篇

# 第 7 章 外汇交易的基本分析

## 7.1 基本分析概述

### 7.1.1 什么是基本分析

随着市场供求的改变,外汇价格的波动能给予投资者无限的投资机会。但由于市场瞬息万变,如要在外汇买卖中获利,最重要的是能掌握快捷、及时、准确的信息资讯。同时,投资者要对能影响市场的因素有一定认识。

基本分析是某个国家的基本因素,其中包括经济基础、政治前景、政府政治意愿等。此外,每当有重要经济数据公布时都会出现货币价格大幅波动的情况。表面上看来,影响市场的原因似乎相当复杂,但归纳起来,不外乎包括经济因素、政治因素、央行干预、技术因素及市场情绪等。

所以,外汇交易的基本分析就是基于对宏观基本因素的状况、发生的变化及其对汇率走势造成的影响加以研究,得出货币间供求关系的结论,以判断汇率走势的分析方法。研究对象包括经济、政治、军事、人文、地理、突发事件等各个方面。一般用以判断长期汇率变化的趋势。

### 7.1.2 基本分析的优缺点

基本分析通常有两个假设前提:①基本因素对市场影响是有规律的;②借助于判断分析的信息是完整的。市场未来发展是可以通过对历史和现实的研究加以预测的,趋势发展具有某种规律性和完整性。因此,基本分析的优点表现为以现实市场的事件、数据为基础进行分析,可以对全球主要货币国家的经济、政治等状况有全面的了解和认识,从而洞悉带动市场发展的最基本因素。

但基本分析也存在缺点,首先,由于涉及因素较多,且随时可能发生突发性事件,因此在信息收集方面存在极大的难度。但随着网络技术的迅速发展,这个问题已经得到了很好的改善。其次,基本分析的专业分析技巧和知识要求相对较高,由于各种因素对市场的影响方式、程度以及判断方法的不同,普通投资者难以在短时间内把握确切的市场状况和趋势。最后,基本因素信息还存在滞后性,数据和事件发生之后市场已经有了迅速的反应,因而分析也存在一定滞后性。下面,我们就外汇交易基本分析中所涉及的几个因素进行详细介绍。

# 7.2 基本经济因素分析

在外汇交易基本分析中最基础的是基本经济因素的分析,这些经济因素一方面会通过国家经济政策和货币政策影响货币走势,而另一方面也会通过市场投资信心和心理影响货币走势。

基本经济因素对外汇市场汇率的影响又表现为短期和长期。从短期影响来看,通过比较经济指标前值和预测值,短期市场心理会发生变化,进而会使汇率在短期内发生剧烈变动。从长期影响来看,经济指标可以用以预测国家政策、经济前景、资金流向,进而又会影响市场汇率的长期走势。在外汇交易基本经济因素中通常又以经济增长、国际收支、通货膨胀和利率因素较为重要。

## 7.2.1 经济增长因素

经济增长因素对汇率的影响通常表现为以下 3 种情况。

①一国经济增长,但出口不变,那么该国经济属内需型增长,内需型的增长通常又会导致该国进口增加,当该国出现贸易逆差后,就会使得本币汇率看跌。

②一国经济增长,出口也增长,那么该国经济属于出口导向型增长,当出口增长快于进口时,该国出现贸易顺差,那么本币汇率就会看涨。

③一国经济增长,同时劳动生产率也提高,那么该国的生产成本降低,产品竞争力提高,就会促使出口增加、进口减少,当该国出现贸易顺差后,本国汇率就会看涨。

在具体分析时,我们需要注意两个方面:一是将国与国之间的经济增长进行对比,从而判断汇率的总体走势;二是将同一国家的同一经济数据进行横向对比,从而判断一国经济发展的周期性变化。将实际公布的数据与公布前的预测值进行比较,如两者相差较大,则会掀起外汇市场的大幅波动。

## 7.2.2 国际收支因素

国际收支因素对汇率的影响一般分为顺差和逆差两个方面,当一国国际收支出现顺差时,通常表现为外币供过于求、本币供不应求,这时本币汇率就会上涨,而外币汇率则会下跌。而当一国国际收支出现逆差时,通常又表现为外币供不应求、本币供过于求,这时本币汇率就会下跌,而外币汇率则会上涨。

在具体分析时,我们也需要注意两个方面,一是贸易数据不是每时每刻影响汇率走势。并不是一国出现逆差就会给该国货币带来贬值压力,而是当逆差达到一定幅度,如占该国GDP 的一定比例,或引起其他问题时,才会对货币带来贬值压力。二是需要注意进行横向和纵向对比,横向对比,即进行一段时间的数值比较,观察数据恶化的程度;纵向对比,即留意该国逆差值中的别国因素。

### 7.2.3 通货膨胀因素

一般来说,本国通货膨胀率上升,出口商品的外币价格就会上涨,本国产品竞争力随之下降,本国出口减少,如果出现贸易逆差,那么本币汇率就会看跌。而另一方面,本国通货膨胀率上升,本国实际利率通常会下降(实际利率=名义利率-通货膨胀率),资本流出增加、流入减少,本币汇率也会看跌。在此状况下,人们的预期会加速对汇率的这种影响。

### 7.2.4 利率因素

如果本国利率上升,利息收益增加,国际资本就会流入,这时,本国货币供不应求,本币汇率将会上涨。反之,如果本国利率下降,利息收益减少,国际资本就会流出,这时,本国货币供过于求,本币汇率将会下跌。

在具体分析时,我们仍然需要注意,关键要看利率变动在吸引资金流动方面的作用,即货币资产与金融资产的收益对比,也就是利率对经济增长和股票市场的影响。同样,人们的预期也会起到催化作用。

在实际市场操作中,对基本经济因素的分析,都是通过收集、整理和分析各国反映经济发展各个方面的经济指标(经济数字)来进行的。对外汇市场影响最大的首先是美国每月(或每季度)公布的经济统计数据,其次是欧元区国家(主要为德国和法国)、日本、英国的统计数据,再往后是澳大利亚、加拿大、瑞士等国的统计数据。之所以美国的经济数据影响最大,主要原因在于美元是国际外汇交易市场中最重要的货币,同时美元在国际贸易的结算方式中占有50%以上的比重。各国投资者都非常关注美国的经济数字,以把握投资的时机。一些重要的美国经济数字常在北京时间20:30公布,因此,对亚洲地区的外汇交易员而言,常会因为等数字公布而工作到深夜,即常说的"等数字"现象。

此外,在一些特定的市场预期或汇率波动的情况下,有关国家的货币政策官员或著名的评论机构、人物,或有影响性的报刊发表的讲话、演讲、文章等,也会对汇市产生较大影响。这种影响在各国没有重要数据公布的时期,表现得尤为强烈。

美国政府公布的经济数字可以分为3类:先行指标、同步指标和滞后指标。先行指标是指某些经济要素会在经济随某一模式或趋势发展之前而发生变动;同步指标是指某些经济要素会在经济随某一特定模式或趋势发展时而发生变动;滞后指标则是指某些经济要素会在经济随某一特定模式或趋势发展后而发生变化。比较常用的经济数据指标有以下16种。

#### 1)国内生产总值

国内生产总值(Gross Domestic Product,GDP),是指在一定时期内(通常为1年),一个国家或地区所生产的全部最终产品和劳务的价值。它不但可以反映一个国家的经济表现,更可以反映一国的国力与财富。它是宏观反映国民经济运行状况的"晴雨表",是政府和社会各界使用频率最高、影响最大的综合指标。一个国家或地区的经济究竟处于增长还是衰退阶段,从这个数字的变化便可以观察到。GDP 公布的形式会以总额或百分比率为计算单位。当 GDP 的增长数字处于正数时,即显示该地区经济处于扩张阶段;反之,如果处于负数,即表示该地区的经济进入了衰退时期。

一般来说,国内生产总值共有 4 个不同的组成部分,包括消费、私人投资、政府支出和净出口额,用公式表示为:GDP = C+I+C+X。式中:C 为消费;I 为私人投资;C 为政府支出;X 为净出口额。从经济学来讲,国内生产总值又有 3 种形态,即价值形态、收入形态和产品形态。从价值形态看,它是所有常驻单位在一定时期内生产的全部货物和服务价值与同期投入的全部非固定资产货物和服务价值的差额,即所有常驻单位的增加值之和;从收入形态看,它是所有常驻单位在一定时期内直接创造的收入之和;从产品形态看,它是货物和服务的最终使用减去货物和服务的进口。

由于国内生产总值是一定时间内所生产的商品与劳务的总量乘以"货币价格"或"市价"而得到的数字,即名义国内生产总值(名义国内生产总值增长率等于实际国内生产总值增长率与通货膨胀率之和),因此,总产量即使没有增加,仅价格水平上升,名义国内生产总值仍然会是上升的,但在价格上涨的情况下,国内生产总值的上升只是一种假象。有实质影响力的是实际国内生产总值变化率,所以使用国内生产总值指标时,还必须通过 GDP 缩减指数,对名义国内生产总值作出调整,从而精确地反映产出的实际变动。因此,一个季度 GDP 缩减指数的增加,便足以表明当季的通货膨胀状况。如果 GDP 缩减指数大幅度增加,便会对经济产生负面影响,同时也是货币供给紧缩、利率上升,进而外汇汇率上升的先兆。

一国的 GDP 大幅增长,反映出该国经济发展蓬勃,国民收入增加,消费能力也随之增强。在这种情况下,该国中央银行将有可能提高利率,紧缩货币供应,而国家经济表现良好及利率的上升将会增加该国货币的吸引力。反过来,如果一国的 GDP 出现负增长,显示该国经济处于衰退状态,消费能力降低,该国中央银行将可能减息以刺激经济再度增长,利率下降加上经济表现不振,该国货币的吸引力也就随之降低。因此,一般来说,高经济增长率会推动本国货币汇率的上涨,而低经济增长率则会造成该国货币汇率的下跌。

例如,1995—1999 年,美国 GDP 的年平均增长率为 4.1%,而欧元区 11 国中除爱尔兰较高外(9.0%),法、德、意主要国家的 GDP 增长率仅为 2.2%、1.5% 和 1.2%,大大低于美国的水平,这促使欧元自 1999 年 1 月 1 日启动以来,对美元汇率一路下滑,在不到两年的时间里贬值了 30%。

实际上,经济增长率差异对汇率变动产生的影响是多方面的,原因有以下 3 方面。

①一国经济增长率高,意味着收入增加,国内需求水平提高,将增加该国的进口,从而导致经常项目的逆差,这样,会使本国货币汇率下跌。

②如果该国经济是以出口导向的,经济增长是为了生产更多的出口产品,则出口的增长会弥补进口的增加,减缓本国货币汇率下跌的压力。

③一国经济增长率高,意味着劳动生产率的提高和成本的降低,同时也意味着本国产品竞争力得到改善,因而有利于增加出口、抑制进口;并且由于经济增长率高,也使得该国货币在外汇市场上被看好,因而该国货币汇率会有上升的趋势。

在美国,国内生产总值由商务部负责分析统计,惯例是每季估计及统计一次。每次在发表初步预估数据后,还会有两次的修订公布。国内生产总值通常用来跟去年同期作比较,如有增加,就代表经济增长较快,有利其货币升值;如减少,则表示经济放缓,其货币有贬值的压力。以美国来说,国内生产总值能有 3% 的增长,便是理想水平,表明经济发展是健康的;但高于此水平则表示有通胀压力,而低于 1.5% 的增长,则显示经济放缓和有步入衰退的迹象。

在了解 GDP 时,应该知道 GDP 是算不精确的。GDP 反映的是国民经济的总体和总量,而现实中国民经济总是处在不断的变化中,总是有一些新兴行业和新兴企业由于产生时间短,统计不规范,很难纳入国民经济核算中,如当前的技术咨询业、商务服务业、娱乐业等经济活动就很难准确纳入 GDP 核算中,所以任何一个时点上的 GDP 只能是相对准确的数据。由于新兴行业、企业的不断规范,核算条件的不断完善,GDP 历史数据会经常作出一些必要的调整,这是国民经济核算的一个特殊现象。

### 2)利率

利率(Interest),就其表现形式来说,是指一定时期内利息额同借贷资本总额的比率。多年来,经济学家一直在致力于寻找一套能够完全解释利率结构和变化的理论。"古典学派"认为,利率是资本的价格,而资本的供给和需求决定利率的变化;凯恩斯则把利率看作是"使用货币的代价";马克思则认为"利率是剩余价值的一部分,是借贷资本家参与剩余价值分配的一种表现形式"。

利率通常由国家的中央银行控制,所有国家都把利率作为宏观经济调控的重要工具之一。当经济过热、通货膨胀上升时,便提高利率、收紧信贷;当过热的经济和通货膨胀得到控制后,又会把利率适当地调低。

汇率是两个国家货币之间的相对价格,和其他商品的定价机制一样,它由外汇市场上的供求关系所决定。外汇是一种金融资产,人们持有它,是因为它能带来资本的收益。人们在选择是持有本国货币还是持有某一种外国货币时,首先也是考虑持有哪一种货币能够给他带来较大的收益,而各国货币的收益率首先是由其金融市场的利率来衡量的。某种货币的利率上升,则持有该种货币的利息收益增加,吸引投资者买入该种货币,因此,对该货币有利好的支持;如果利率下降,持有该种货币的收益便会减少,该种货币的吸引力也就减弱了。因此,利率升,货币强;利率跌,货币弱。

从经济学意义上讲,在外汇市场均衡时,持有任何两种货币所带来的收益应该相等,这就是:$R_i = R_j$(利率平价条件)。这里,$R$ 代表收益率,$i$ 和 $j$ 代表不同国家的货币。如果持有两种货币所带来的收益不等,则会产生套汇:买进一种外汇,而卖出另一种外汇。这种套汇,不存在任何风险。因而一旦两种货币的收益率不等,套汇机制就会促使两种货币的收益率相等。也就是说,不同国家货币的利率内在地存在着一种均等化倾向,这是利率指标对外汇汇率走势影响的关键方面,也是投资者解读和把握利率指标的关键。例如,1987 年 8 月,随着美元下跌,人们争相购买英镑这一高息货币,致使很短时间内英镑汇率由 1.65 美元升至 1.90 美元,升幅近 20%。为了限制英镑升势,在 1988 年 5—6 月,英国连续几次调低利率,年利率由 10% 降至 7.5%,伴随每次减息,英镑汇率都会下跌。但是由于英镑贬值过快、通货膨胀压力增加,随后英格兰银行被迫多次调高利率,使英镑汇率又开始逐渐回升。

美元的走势,受利率因素的影响很大。在一般情况下,美元的利率下跌,美元的走势就会疲软;美元的利率上升,美元的走势就会强劲。20 世纪 80 年代前半期,在美国存在大量贸易逆差和巨额财政赤字的情况下,美元依然坚挺,其原因就是美国实行高利率政策,促使大量资本从日本和西欧流入美国。

利率预期则又是影响汇率变化的另一个重要因素。1992 年下半年,德国奉行反通货膨胀的紧缩性货币政策,德国中央银行一而再、再而三地声明要坚持这一政策,但外汇市场经常流传德国要减息的谣言和猜测,理由是德国的利息已经加到顶了。虽然德国没有任何减息动向,但在英国、法国、丹麦、瑞典等相继减息后,外汇市场又顽固地认为德国会减息,即使年底不减,第二年年初也会减。这使马克兑美元的汇率在美国与德国的利率差仍然很大的情况下节节下跌。

### 3)通货膨胀率

通货膨胀率(Inflation Rate)是货币超发部分与实际需要的货币量之比,用以反映通货膨胀、货币贬值的程度。通货膨胀率=(现期物价水平-基期物价水平)/基期物价水平,其中基期就是选定某年的物价水平作为一个参照,这样就可以把其他各期的物价水平通过与基期水平作对比,来衡量目前的通货膨胀水平。

一个国家必须保证自己国家的货币供给保持一定的数量。在总商品和劳务的供应保持不变的情况下,如果发行的纸币过多,就会造成纸币大幅贬值,出现物价上涨,从而导致通货膨胀;如果市场流通的货币过少,就会出现通货紧缩。同样,在纸币供应总量保持不变的情况下,如果总商品和劳务的供应减少也会导致物价水平上升,或者物价水平自发上升,也会导致通货膨胀。通货膨胀是世界各国经济生活中所面临的一个难题,对一国经济发展有诸多不利影响。

依据通货膨胀的表现形式划分,可以将通货膨胀分为公开型通货膨胀和隐蔽性(或抑制性)通货膨胀;依据通货膨胀的程度划分,可以把通货膨胀分为爬行式、温和式、奔腾式和恶性通货膨胀;依据通货膨胀的原因划分,可以将通货膨胀分为需求拉上型通货膨胀、成本推动型通货膨胀、结构型通货膨胀和混合型通货膨胀;依据采取的政策措施的不同来划分,可以把通货膨胀分为财政型通货膨胀、信用型通货膨胀和外汇收支型通货膨胀。

当一个经济中的大多数商品和劳务的价格连续在一段时间内普遍上涨时,就称这个经济经历着通货膨胀。由于物价是一国商品价值的货币表现,通货膨胀也就意味着该国货币代表的价值量下降。在国内外商品市场相互紧密联系的情况下,一般来说,通货膨胀和国内物价上涨,会引起出口商品的减少和进口商品的增加,从而对外汇市场上的供求关系发生影响,导致该国汇率波动。同时,一国货币对内价值的下降必定影响其对外价值,削弱该国货币在国际市场上的信用地位,人们会因通货膨胀而预期该国货币的汇率将趋于疲软,把手中持有的该国货币转化为其他货币,从而导致汇价下跌。

国内外通货膨胀率的差异是决定汇率长期趋势的主导因素,在不兑现的信用货币条件下,两国货币之间的比率,是由各自所代表的价值决定的。如果一国通货膨胀率高于他国,该国货币在外汇市场上就会趋于贬值;反之,就会趋于升值。例如,20世纪90年代前,日元和德国马克汇率十分坚挺的一个重要原因就是这两个国家的通货膨胀率一直很低。而英国和意大利的通货膨胀率经常高于其他西方国家的平均水平,故这两国货币的汇率一直处于跌势。

但在实际应用中,一般不直接、也不可能计算通货膨胀率,而是通过价格指数的增长率来间接表示的。具体而言,衡量通货膨胀率的价格指数主要有3个:生产者价格指数、消费者价格指数和零售物价指数,下面将分别进行讨论。

(1)生产者价格指数(PPI)

生产者价格指数(Producer Price Index,PPI),是衡量制造商和农场主向商店出售商品的价格指数。它主要反映生产资料的价格变化状况,用于衡量各种商品在不同生产阶段的成本价格变化情况。一般是统计部门通过向各大生产商搜集各种产品的报价资料,再加权换算成百进位形式以方便比较。例如,美国是以1967年的指数当作100进行比较的,该指标由劳工部每月公布一次,对未来(一般在3个月后)价格水平的上升或下降影响很大,也预示着今后市场总体价格的趋势。

因此,PPI是一个通货膨胀的先行指数,当生产原料及半制成品价格上升,数个月后,便会反映到消费产品的价格上,进而引起整体物价水平的上升,导致通货膨胀加剧;相反,当该指数下降,即生产资料价格在生产过程中有下降的趋势,也会影响整体价格水平的下降,减弱通货膨胀的压力。但是,该数据由于未能包括一些商业折扣,所以无法完全反映真正的物价上升速度,以致有时出现夸大的效果。另外,由于农产品是随季节变化的,而且能源价格也会有周期性的变动,对该价格指标影响很大,所以使用该指标时,需加整理或剔除食品和能源价格后才宜作分析。

对于外汇市场而言,市场更加关注的是最终产品PPI的月度变化情况。由于食品价格因季节变化而发生波动,而能源价格也经常出现意外波动,为了能更清晰地反映出整体商品的价格变化情况,一般将食品和能源价格的变化剔除,从而形成"核心生产者价格指数",以便进一步观察通货膨胀的变化趋势。

在外汇交易市场上,交易员都十分关注该指标。如果PPI比预期高,则有通货膨胀的可能,央行可能会实行紧缩的货币政策,对该国货币有利好影响;如果PPI下跌,则会带来相反的影响。

(2)消费者价格指数(CPI)

消费者价格指数(Consumer Price Index,CPI),是对一个固定的消费品篮子价格的衡量,主要反映消费者支付商品和劳务的价格变化情况,也是一种度量通货膨胀水平的工具,以百分比变化为表达形式。

CPI指标十分重要,而且具有启示性。有时公布了该指标上升时,货币汇率看涨,有时则相反。CPI表明了消费者的购买能力,也反映经济的景气状况。如果该指数下跌,反映经济衰退,必然对货币汇率走势不利;但如果CPI上升,则要看其升幅状况。倘若该指数升幅温和,则表示经济稳定向上,对该国货币有利;但如果该指数升幅过大,则有不良影响,因为物价指数与购买能力成反比,物价越贵,货币的购买能力越低,必然对该国货币不利。如果考虑对利率的影响,则该指标对外汇汇率的影响作用更加复杂。

当一国的 CPI 上升时,表明该国的通货膨胀率上升,同时也意味着货币的购买力减弱,按照购买力平价理论,该国的货币应走弱;相反,当一国的 CPI 下降时,表明该国的通货膨胀率下降,即货币的购买力上升,按照购买力平价理论,该国的货币应走强。但是由于各个国家均以控制通货膨胀为首要任务,通货膨胀上升同时也带来利率上升的机会,因此,反而有利于该国货币汇率的上升;假如通货膨胀率受到控制而下跌,利率也同时趋于回落,反而不利于该国货币的上升。

CPI 追踪每个月的生活成本以计算通货膨胀。假如在过去 12 个月,CPI 上升 2.5%,那么就意味着生活成本比 12 个月前平均上升 2.5%。当生活成本提高时,投资者的金钱价值便随之下降。

在美国,目前的消费者价格指数是以 1982—1984 年的平均物价水准为基期,涵盖了房屋支出、食品、交通、医疗、成衣、娱乐、其他 7 大类,共计有 364 种项目的物价来决定各种支出的权数。美国消费者价格指数由劳工部每月公布,该指数包括工人和职员的消费物价指数(简称 CPW),以及城市消费者的消费物价指数(简称 CPIU)。

(3)零售物价指数(RPI)

零售物价指数(Retail Price Index,RPI),是指以现金或信用卡形式支付的零售商品的价格指数。美国商务部每个月对全国范围的零售商品进行抽样调查,包括家具、电器、超级市场售卖品、医药等(各种服务业消费则不包括在内)。汽车销售额构成了零售额中最大的单一构成要素,约占总额的 25%。

许多外汇市场分析人士十分注重考察 RPI 的变化。社会经济发展迅速,个人消费增加,便会导致 RPI 上升,该指标持续上升,将可能带来通货膨胀的压力,令政府收紧货币供应,利率趋升则为该国货币带来利好政策的支持。因此,该指数向好,理论上应有利于该国货币汇率的上升。

### 4)失业率

失业率(Unemployment Rate)是指一定时期全部就业人口中有工作意愿而仍未工作的劳动力数字,通过该指标可以判断一定时期内全部劳动人口的就业情况。一直以来,失业率数字被视为一个反映整体经济状况的指标,而它又是每个月最先发表的经济数据,所以外汇市场人士喜欢利用失业率指标来对工业生产、个人收入甚至新房屋兴建等其他相关的指标进行预测。在外汇交易的基本面分析中,失业率指标被称为所有经济指标"皇冠上的明珠",它是市场上最为敏感的月度经济指标。

一般情况下,失业率下降,代表整体经济健康发展,利于货币升值;失业率上升,便代表经济发展放缓衰退,不利于货币升值。若将失业率配以同期的通货膨胀指标来分析,则可知当时经济发展是否过热,是否会构成加息的压力,或是否需要通过减息以刺激经济的发展。美国劳工部每月会对全美国的家庭进行抽样调查,如果该月美国公布的失业率数字较上月下降,表示雇佣情况增加,整体经济情况较佳,有利于美元升值;如果失业率数字大,显示美国经济可能出现衰退,对美元有不利影响。1997 年和 1998 年,美国的失业率分别为 4.9% 和 4.5%,1999 年失业率又有所下降,达到近 30 年来的最低点。这显示美国经济状况良好,有力地支持了后期美元对其他主要货币的强劲走势。

另外,失业率数字的反面是就业数字(The Employment Data),其中最有代表性的是非农业就业数字(Nonfarm Payroll Employment)。非农业就业数字为失业数字中的一个项目,该项目主要统计从事农业生产以外的职位变化情形,它能反映出制造行业和服务行业的发展及其增长。该数字减少,便代表企业减低生产,经济步入萧条;反之,当该数字增加时,则显示社会经济发展较快,消费性以及服务性行业的职位增多。非农业就业数字大幅增加,理论上对汇率有利;反之则相反。因此,该数据是观察社会经济和金融发展程度及状况的一项重要指标,目前对短期汇率的影响非常显著。

从 1991 年下半年开始,外汇市场由于对美国经济可能陷入衰退的担忧,开始不断抛售美元,使外汇兑美元的汇率节节高攀,英镑兑美元汇率从 1991 年 7 月的 1.60 涨到 1992 年 1 月初的 1.89。1992 年 1 月 9 日,美国劳工部公布美国前一年 12 月份非农业就业人口数可能增长 10 万人,致使这一天外汇市场一开始,就开始抛售外汇买美元,英镑兑美元的汇率从 1.88 跌至 1.86,跌幅近 200 点。经过几个小时后,外汇市场开始恐慌性地买美元,马克、英镑、瑞士法郎等兑美元汇率出现狂泻,英镑又掉了近 600 点,跌至 1.805 0。

第二天公布的非农业就业人口数仅增长了 3 万人,但这次恐慌改变了以后 4 个月美元对其他外汇的走势。在对美国经济前景看好的前提下,美元一路上扬。一直到 4 月份,美国经济情况并不如预期中那么好的事实才被外汇市场所接受,美元从此又开始走下坡路。

#### 5) 外贸平衡数字

外贸平衡数字(Trade Balance Figure,TBF),反映了国与国之间的商品贸易状况,是判断宏观经济运行状况的重要指标。如果一个国家的进口总额大于出口总额,便会出现"贸易逆差"的情形;如果出口总额大于进口总额,便称为"贸易顺差";如果出口总额等于进口总额,则称之为"贸易平衡"。

如果一个国家经常出现"贸易逆差"现象,国民收入便会流出国外,使国家经济表现转弱。政府若要改善这种状况,就会使国家的货币贬值,即变相把出口商品价格降低,以提高出口产品的竞争能力。因此,当该国贸易赤字扩大时,就不利于该国货币汇率的上升,令该国货币下跌;反之,当出现外贸盈余时,则对该国货币形成利好消息。外贸平衡数字是影响外汇汇率十分重要的因素,日美之间的贸易摩擦就充分说明了这一点。美国对日本的贸易连年出现逆差,致使美国贸易收支的恶化,为了限制日本对美贸易的顺差,美国政府对日施加压力,迫使日元升值;而日本政府则千方百计防止日元升值过快,以保持较有利的贸易状况。

外贸平衡数字直接影响一国汇率的变动。如果一国国际收支出现顺差,外国对该国的货币需求就会增加,流入该国的外汇就会增加,从而导致该国货币汇率上升;相反,如果一国国际收支出现逆差,外国对该国货币的需求就会减少,流入该国的外汇就会减少,从而导致该国货币汇率下降,使该国货币贬值。

国际收支平衡表主要包括两个项目:经常项目和资本项目。经常项目又称商品和劳务项目,指经常发生的商品和劳务的交易。其中包括有形商品的进出口(即国际贸易)和无形贸易(如运输、保险、旅游的收支)以及国际间的转移支付(如赔款、援助、汇款、赠予等)。资本项目是指一切对外资产和负债的交易活动,包括各国间股票、债券、证券等的交易,以及一国政府、居民或企业在国外的存款。

可见,对汇率变动影响最大的除了正常的贸易项目外,还有资本项目。资本项目的顺差或逆差也直接影响着货币汇率的涨跌。当一国资本项目有大量逆差,国际收支的其他项目又不足以弥补时,该国国际收支就会出现逆差,从而引起本国货币对外汇率下跌;反之,则会引起本国货币汇率的上升。

### 6)财政预算赤字

财政预算赤字(Budget Deficit)主要描述政府预算的执行情况,说明政府的总收入与总支出状况。若入不敷出即为预算赤字;若收大于支即为预算盈余;收支相等即为预算平衡。外汇交易员可以通过这一数据了解政府的实际预算执行状况,同时可据此预测短期内财政部是否需要发行债券或国库券以弥补赤字,因为短期利率会受到债券发行与否的影响。

一国之所以会出现财政赤字,有许多原因。有的是为了刺激经济发展而降低税率或增加政府支出,有的则是因为政府管理不当,引起大量的逃税或过分浪费。当一个国家财政赤字累积过高时,就好像一家公司背负的债务过多一样,不利于国家的长期经济发展,对于该国货币也属于长期的利空消息。且日后为了要解决财政赤字,就只有靠减少政府支出或增加税收这两项措施,这对于经济或社会的稳定都有不良的影响。因此,一国财政赤字若加大,该国货币就会下跌;反之,若财政赤字缩小,该国货币就会上扬。

美国政府一向以财政赤字而闻名,克林顿时代的赤字曾转为盈余,但小布什上台后,适逢经济衰退,又对外连续用兵,导致再次出现高额赤字。

### 7)耐用品订单

耐用品订单(Durable Goods Orders)代表未来1个月内,对不易耗损物品的订购数量,该数据反映了制造业的活动情况。就定义而言,订单泛指有意购买、预期马上交运或在未来交运的商品交易。

该数据包括对汽车、飞机等重工业产品和制造业的耐用品及其他诸如电器等物品订购情况的统计。耐用品订单由美国商务部负责,每个月向全美5 000家大公司及全球7万个生产场所搜集必要的资料,再予以公布。耐用品订单中包括国防军事设备,扣除其中的国防耐用品订单后,其余的就可以代表未来的厂商投资支出。

一般而言,非国防用途的耐用品订单约等于国内生产投资项目的15%,但是美元如果走强,则可能会使上述的推论打折扣。因为非国防用途的耐用品订单有一小部分是给国外买主,这部分没有计算在国内生产的投资项目中,反而被归类在出口项目中;同时,非国防用途的耐用品订单排除了自国外购入的部分,这部分虽并入国内生产的投资项目中,但在国外进口增加的部分中往往被忽略了。

一般来说,耐用品订单基本上有以下两个缺点:①数据在公布后,事后修正幅度很大;②数据的代表性问题,如常有某一个月订单金额大幅提升而下两个月却大幅下降的事情发生,主要原因是美国国防部有时会有大订单产生。另外市场也需注意扣除运输部门的数据,因为运输部门如汽车、轮船、飞机等都属于高单价的产品,该部门数据的变化对整体数据有很大的影响,而使得耐用品订单的数据失真。

### 8）工业生产指数

工业生产指数(Industrial Production)是一套衡量美国工厂、矿山以及煤气和电力等公用事业每月实际产出的指标数据。由于工业和制造业是美国经济的主导,因此反映工业和制造业状况的指标备受市场关注。

工业生产增长表明经济增长,而工业生产下滑则表明经济收缩,一个增长的工业生产指数,意味着繁荣的劳动力市场和扩张的消费需求。工业生产的迅速增长,不仅仅影响到美联储的利率政策,也会使得世界各机构在投资组合中加大美国资产的比重。这样,对美国资产的需求就会大幅增加,进而表现在市场对美元的需求也大幅增加,所以投资人将工业生产指数提高视为美元的利好消息。

### 9）产能利用率

产能利用率(Capacity Utilization)也称设备利用率,是工业总产出对生产设备实际生产能力的比率。简单地理解,就是实际生产能力到底有多少在发挥生产作用。统计该数据时,涵盖的范围包括制造业、矿业、公用事业、耐用商品、非耐用商品、基本金属工业、汽车业及汽油8个项目,代表上述产业的产能利用程度。

当产能利用率超过95%,代表设备使用率接近全部,通货膨胀的压力将随产能无法应付而急速升高,在市场预期利率可能升高的情况下,对一国货币是利好消息;反之,如果产能利用率在90%以下,且持续下降,则表示设备闲置过多,经济有衰退的现象,在市场预期利率可能降低的情况下,对该国货币是利空消息。

### 10）零售销售

零售销售(Retail Sales)是零售销售数额的统计汇总,包括所有主要从事零售业务的商店以现金或信用形式销售的商品价值总额。零售数据对于判定一国的经济现状和前景具有重要指导作用,因为零售销售直接反映出消费者支出的增减变化。在西方发达国家,消费者支出通常占到国民经济的一半以上,像美国、英国等国,这一比例可以达到2/3。

在美国,商务部统计局每个月进行一次全国性零售业抽样调查,其调查对象为各种形态和规模的零售商(均为商务部登记在案的公司)。因为零售业涉及范围太广,因而采取随机抽样的方式进行调查,以取得较具代表性的数据资料。耐用消费品方面的零售商包括汽车零售商、超级市场、药品和酒类经销商等。由于服务业的数据很难搜集和计算,所以将其排除在外,但服务业亦属于消费支出中重要的一环,其消费增减可以从个人消费支出(包括商品零售和服务)这一数据中得出结果。

在西方国家,汽车销售构成了零售销售中最大的份额,一般能够占到25%,因而在公布零售销售的同时,还会公布一个剔除汽车销售的零售数据。此外,由于食品和能源销售受季节影响较大,有时也将食品和能源剔除,再发布一个核心零售销售数据。

一国零售销售的提升,代表该国消费支出的增加和经济情况的好转,利率可能会被调高,对该国货币有利;反之,如果零售销售下降,则代表经济趋缓或不佳,利率可能会被调低,对该国货币形成利空消息。

### 11)新屋开工及营建许可

新屋开工及营建许可(Housing Starts and Building Permits)是指一国新建房屋的开工率和营建许可的增减率。建筑类指标在各国公布的数据体系中一般占有较重要的地位,因为房地产业对于现代化经济有举足轻重的地位,而且一国经济景气与否也往往会在建筑类指标上反映出来。房屋的建设属于投资,是拉动国民经济增长的重要动力。在西方国家,新屋开工和营建许可是建筑类指标中较为重要的两个,考察的基本上是居民住宅或非工业用途的建筑范畴。住宅动工的增加将使建筑业就业人数增加,新近购房的家庭通常会购买其他耐用消费品,通过乘数效应,使得其他产业的产出和就业增加。建筑业对商业循环非常重要,因为住宅建设的变化将直接联系着经济衰退或复苏。

在美国,一般新屋开工分为两种:独栋住宅与群体住宅。独栋住宅开始兴建时,一户的基数是1,一栋百户的公寓开始兴建时,其基数为100,依此计算出新屋开工率(Housing Start)。专家们一般较重视独栋住宅的兴建,因为群体住宅内的单位可以随时修改,波动性较大,数据通常无法掌握。

通常而言,新屋开工与营建许可的增加,理论上对于该国货币形成利好因素,将推动该国货币走强;新屋开工与营建许可的下降或低于预期,将对该国货币形成压力。

### 12)供应链管理协会指数

供应链管理协会指数(Supply Chain Management Association Index),是由美国供应管理协会公布的重要数据,对反映美国经济繁荣度及美元走势均有重要影响。美国供应管理协会(The Institute for Supply Management, ISM)是全球最大、最权威的采购管理、供应管理、物流管理等领域的专业组织,该组织成立于1915年,其前身是美国采购管理协会,是全美最受尊崇的专业团体之一。

ISM指数分为制造业指数和非制造业指数。ISM供应管理协会制造业指数由一系列分项指数组成,其中以采购经理人指数最具有代表性。该指数是反映制造业在生产、订单、价格、雇员、交货等各方面综合发展状况的晴雨表,通常以50为临界点。高于50被认为是制造业处于扩张状态,低于50则意味着制造业的萎缩,影响经济增长的步伐。ISM供应管理协会非制造业指数反映的是美国非制造业商业活动的繁荣程度,当其数值连续位于50以上水平时,表明非制造业活动扩张,预示着整体经济正处于扩张的状态;反之,当其数值连续位于50以下水平时,则预示着整体经济正处于收缩的状态。

### 13)采购经理人指数

采购经理人指数(Purchase Management Index,PMI),是衡量制造业在生产、新订单、商品价格、存货、雇员、订单交货、新出口订单和进口 8 个范围状况的经济指数。

采购经理人指数以百分比来表示，常以 50% 作为经济强弱的分界点：即当指数高于 50% 时，被解释为经济扩张的信号；当指数低于 50%，尤其是非常接近 40% 时，则有经济萧条的忧虑。它是领先指标中一项非常重要的附属指针，市场较为看重美国采购经理人指数，它是美国制造业的体检表，在全美采购经理人指数公布前，还会公布芝加哥采购经理人指数，这是全美采购经理人指数的一部分，市场往往会就芝加哥采购经理人指数的表现来对全美采购经理人指数作出预期。

除了对整体指数的关注外，采购经理人指数中的支付物价指数及收取物价指数也被视为物价指标的一种。

### 14）德国经济景气指数

IFO 经济景气指数（IFO Business Climate Index）由德国 IFO 研究机构编制，是观察德国经济状况的重要领先指标。IFO 是德国经济信息研究所注册协会的英文缩写，1949 年成立于慕尼黑，是一家公益性的、独立的经济研究所，被称为德国政府的智库之一。

经济景气指数来源于企业景气调查，它是西方市场经济国家建立的一项统计调查制度。它是通过对企业家进行定期的问卷调查，并根据企业家对企业经营情况及宏观经济状况的判断和预期来编制，由此反映企业的生产经营状况、经济运行状况，预测未来经济的发展变化趋势。

IFO 经济景气指数的编制，是对包括制造业、建筑业及零售业等各产业部门每个月的情况进行调查，每次调查所涵盖的企业家数在 7 000 家以上，然后依企业评估目前的处境状况、短期内企业的计划和对未来半年的看法而编制出的指数。

经济景气指数目前主要通过两个指标来反映：一个是企业家信心指数，是根据企业家对企业外部市场经济环境与宏观政策的看法、判断与预期（主要是通过对"乐观""一般""不乐观"的选择）而编制的指数，用以综合反映企业家对宏观经济环境的感觉与信心；第二个是企业景气指数，是根据企业家对本企业综合生产经营情况的判断与预期（主要是通过对"好""一般""不佳"的选择）而编制的指数，用以综合反映企业的生产经营状况。景气指数的表示范围为 0～200。100 为景气指数的临界值，表明景气状况变化不大；100～200 为景气区间，表明经济状况趋于上升或改善，越接近 200 越景气；0～100 为不景气区间，表明经济状况趋于下降或恶化，越接近 0 越不景气。

### 15）日本短观报告

日本短观报告是指日本中央银行（即日本银行）所做的企业季度调查报告，提供关于日本公司的广泛数据，其中包括备受关注的大型制造企业景气判断指数。

日本政府每季会对近一万家企业作未来产业趋势调查，调查企业对短期经济前景的信心，以及对现时与未来经济状况与公司盈利前景的看法。负数表示对经济前景感到悲观的公司多于感到乐观的公司，而正数表示对经济前景感到乐观的公司多于感到悲观的公司。根据历史数据统计，日本政府每季公布的企业短观报告数据极具代表性，能准确地预测日本未来的经济走势，因此与外汇市场和日元汇率波动有相当的联动性。日本短观报告是日本央行制定货币政策的重要参考依据。

日本短观报告中最为核心的就是备受关注的大型制造企业景气判断指数调查,被称作"日银短观指数",该指数是由对景气看好企业所占比例减去对景气看坏企业所占比例计算而来,由预期业务好转的受访企业的百分比减去预期业务将恶化的企业百分比得出。该指数越低,意味着经济前景越黯淡。该指标是日本央行判断经济形势、制订金融政策的主要依据之一。

### 16)领先指数

领先指数(Leading Indicator)也称领先指标或先行指标,是预测未来经济发展情况的最重要的经济指标之一,是各种引导经济循环的经济变量的加权平均数。它主要用来预测整体经济的转变情况,及衡量未来数月的经济趋势。在美国,由商务部负责搜集一系列相关指标,并加权平均生成先行指标数字发布。

领先经济指标比其他单一指标能够提供更多的具体资料,由投资到商业信用等,涵盖了整个经济活动的绝大部分,因此有人认为它能预测未来10个月后的经济形势,甚至能正确地预测经济发展和外汇交易市场的拐点。领先指数通常每月公布一次,各国公布时间不尽一致。如指标较上月有增加,便代表经济增长持续。若连续3个月上升,则表示经济即将繁荣或持续扩张。若能连续上升10个月以上,就表示有通胀及收紧银根的压力。但若出现连续3个月的下跌,甚至出现负增长,则象征经济放缓或衰退。通常领先指标有6~9个月的领先时间。综合领先指标上升,显示该国出现经济增长,有利于该国货币表现。如果此指标下降,则显示该国有经济衰退或放缓的迹象,对该国货币构成不利的影响。

领先指数由众多要素构成,涉及国民经济的诸多方面。美国领先指数的组成部分及其在指数构成中的权重如下。

①生产及制造业工人平均工作周权重:1.014。

②制造业工人的失业率权重:1.014 1。

③消费品和原料的新订单权重:0.973。

④59 500家大公司普通股汇率权重:1.149。

⑤库存的实际变化权重:0.986。

⑥M2的货币供应量权重:0.932。

⑦流动资产总额的变化权重:0.9。

⑧密歇根消费者情绪指数权重:0.892。

⑨成套设备的合同及订单权重:0.946。

⑩新颁发的私人住宅建筑许可证权重:1.054。

⑪净经济主体的组成权重:0.973。

⑫销售不畅公司的比例权重:1.081。

倘若这些要素多数向好,则可提前预期领先指数将会上升。在美国,一般认为领先指标可以在经济衰退前11个月预测经济下滑,在经济扩张前3个月预测经济复苏。第二次世界大战后,领先指数已经被成功用来预测西方发达国家经济的荣枯拐点。

通常而言,外汇市场会对领先指数的剧烈波动作出强烈反应,领先指数的猛增将推动该国货币走强,领先指数的猛跌将促使该国货币走软。但用领先指数来预测经济增长率并不完全准确,主要原因有以下3点:①在计算一些成分时,使用的是抽样调查的方法,而这种方法无法避免误差;②有些成分的数据不能得到,只有修正计算方法,而这也会出现误差;③美国政府和美联储迅速而明智的调控也是避免衰退预期变成现实的重要原因。虽然领先指数不能百分百地预测将来的经济,但它的作用和高可信度仍然引起了各国的关注。到目前为止,它仍然是经济计量学家预测经济发展前景的主要指标之一。

综上所述,在不同的历史阶段,各指标的重要性是不同的,人们所关注的程度也不同。此外,凡是良性的、温和上涨的指标都是利好消息,但上涨速度过快,则往往会带来负面影响从而招致政府调控,进而变成利空消息;凡是恶性的指标都是利空消息,但是急剧恶化的情形则往往促使政府采取对应措施,从而带来利好消息,这就是否极泰来的辩证结果。我们在对基本经济因素进行实际运用时,需要了解数据公布时间、数据前值以及市场预期,了解当前市场焦点及该国近期经济状况,评估数据重要性,最终作出判断和操作计划。

# 7.3　中央银行干预与政策因素分析

## 7.3.1　中央银行干预外汇市场的目标

自从浮动汇率制推行以来,工业国家的中央银行从来没有对外汇市场采取彻底的放任自流的态度,相反,这些中央银行始终保留相当一部分的外汇储备,其主要目的就是对外汇市场进行直接干预。

一般来说,中央银行在外汇市场的价格出现异常大的或是朝同一方向连续几天剧烈波动时,往往会直接介入市场,通过商业银行进行外汇买卖,以试图缓解外汇市场的剧烈波动。对于中央银行干预外汇市场的原因,理论上可以有很多解释,为大多数人所接受的原因大致有3个。

第一,汇率的异常波动常常与国际资本流动有着必然联系,它会导致工业生产和宏观经济发展出现不必要的波动,因此,稳定汇率有助于稳定国民经济和物价。现在国际资本跨国界的流动不但规模很大,而且渠道很多,所受到的人为障碍很小。工业国家从20世纪70年代末开始放宽金融方面的规章条例,进一步为国际资本流动提供了方便。在浮动汇率制的条件下,国际资本大规模流动的最直接的结果就是外汇市场的价格浮动。如果大批资本流入德国,则德国马克在外汇市场的汇价就会上升,而如果大批资本流出美国,外汇市场上的美元汇价必然下降。从另一方面来看,如果人们都期待某一国货币的汇率会上升,资本就势必会流向该国。

资本流动与外汇市场变化的相关性对一个国家的国民经济产业配置和物价有着重要的

影响。例如,当一个国家的资本大量外流,导致本国货币汇价下跌时,或者当人们预计本国货币的汇价会下跌,导致资本外流时,这个国家的产业配置和物价必然出现有利于那些与对外贸易有联系的产业的变动。任何一个国家的产业从对外贸易角度来看,可分为能进行对外贸易的产业和无法进行对外贸易的产业两种。前者如制造业,生产的产品可出口和进口,后者如某些服务业,生产和消费必须在当地进行。当资本流出货币贬值时,能进行对外贸易的产业部门的物价就会上升,如果这一部门工资的上涨速度不是同步的话,追加这一部门的生产就会变得有利可图,出口因此也会增加,但是从国内的产业结构来看,资本就会从非贸易产业流向贸易产业。如果这是一种长期现象,该国的国民经济比例就可能失调。因此,工业国家和中央银行是不希望看到本国货币的汇价长期偏离它认为的均衡价格的。这是中央银行本国货币持续疲软或过分坚挺时直接干预市场的原因之一。

资本流动与外汇市场变化的相关性对国民经济的另外一个重要影响在于,大量资本流出会造成本国生产资本形成的成本上升,而大量资本流入又可能造成不必要的通货膨胀压力,影响长期资本投资。美国从20世纪80年代初实行紧缩性货币政策与扩张性财政政策,导致大量资本流入,美元汇价逐步上涨,而美国的联邦储备银行(联储会)在1981年和1982年间对外汇市场又彻底采取自由放任的态度。西欧国家为了防止资本外流,在欧洲货币的汇率不断下跌时,被迫经常直接干预外汇市场,并一再要求美国的联储会协助干预。

第二,中央银行直接干预外汇市场是为了国内外贸政策的需要。一个国家的货币在外汇市场的价格较低,必然有利于这个国家的出口。而出口问题在许多工业国家已是一个政治问题,它涉及出口行业的就业水平、贸易保护主义情绪、选民对政府态度等许多方面。任何一个中央银行都不希望看到本国外贸顺差是由于本国货币的汇率太低而被其他国家抓住把柄。因此,中央银行为这一目的而干预外汇市场,主要表现在两个方面。

中央银行为了保护出口,会在本国货币持续坚挺时直接干预外汇市场。对那些出口在国民经济中占重要比重的国家来说,这样做就更有理由。1992年4月以前,澳元一路看涨,而且涨势平缓。但是,在3月30日澳元对美元的汇率涨到0.77美元时,澳大利亚中央银行立刻在市场上抛澳元买美元。又如,德国是世界制造业出口大国,20世纪70年代实行浮动汇率制以后,马克的汇价随着德国经济的强大而一路上扬,为了维持其出口工业在国际上的竞争地位,德国政府极力主张实行欧洲货币体系,以便把马克与欧洲共同体其他成员国的货币固定在一个范围内。

从日本中央银行经常干预外汇市场,可以充分看出贸易问题的重要性。20世纪80年代以来,日本对美国的贸易顺差每年保持在一个天文数字的水平,1991年为500亿美元,已成为美日关系之间的一个政治问题。1992年是美国大选年,美国国内针对日本的贸易保护主义情绪十分强烈,国会议员仍然在国会里抨击日本对美国的市场封闭。日本中央银行为了缓和美国国内的反日情绪,经常发表讲话,要求日元走强,还不时地查询汇率情况,以表明自己的态度。1992年1月17日,日本中央银行在美元走强的趋势形成时,突然在市场抛日元买美元,使美元对日元的汇率从128.35日元骤然涨到124.05日元。当时日本利率较高,日本政府并无减息意图。对于干预的理由,中央银行表示只是希望日元走强。在以后3个星期内,日本中央银行又以同样的方式几次干预外汇市场,抛日元买美元,除了2月7日这一次在图形上较明显外,其余的几次效果都不明显。

从国际外汇市场发展史来看,利用本国货币贬值来扩大出口是许多国家在早期经常采取的政策,它被称为"乞邻政策",在经济不景气时,常引起两国的贸易战。由于现在非关税贸易壁垒名目繁多,这一人为干预外汇市场的政策已很少采用,而且也会明显地引起其他国家的指责。

第三,中央银行干预外汇市场是出于抑制国内通货膨胀的考虑。宏观经济模型证明,在浮动汇率制的情况下,如果一个国家的货币汇价长期性地低于均衡价格,在一定时期内会刺激出口,导致外贸顺差,最终却会造成本国物价上涨,工资上涨,形成通货膨胀的压力。在通货膨胀已经较高的时候,这种工资—物价可能出现的循环上涨局面,又会造成人们对于未来的通货膨胀必然也很高的预期,使货币当局的反通货膨胀政策变得很难执行。此外,在一些工业国家,选民往往把本国货币贬值引起的通货膨胀压力作为政府当局宏观经济管理不当的象征。所以,在实行浮动汇率制以后,许多工业国家在控制通货膨胀时,都把本国货币的汇率作为一项严密监视的内容。

英镑自20世纪80年代以来的波动,很清楚地说明了货币贬值与通货膨胀的关系。20世纪70年代,几乎所有工业国都陷入两位数的通货膨胀,英镑也在劫难逃。在整个20世纪80年代,美国和西欧国家的中央银行都取得明显效果,而英国则效果较差。欧洲货币体系在1979年成立后,英国在撒切尔夫人执政时期出于政治等因素的考虑始终不愿加入,在抑制本国通货膨胀方面也做了很大的努力。在10多年后的1990年,英国终于在梅杰任首相后宣布加入欧洲货币体系。其首要原因就是希望通过欧洲货币体系,把英镑的汇价维持在一个较高的水平,使英国的通货膨胀得到进一步的控制。但是好景不长,1992年欧洲货币体系出现危机,外汇市场猛抛英镑、里拉等,终于导致意大利里拉正式贬值。同样是基于反通货膨胀的考虑,英国政府花了60多亿美元在市场干预,德国中央银行为了维持英镑和里拉的币值,也花了120多亿美元在外汇市场干预。在英镑继续大跌,英镑在欧洲货币体系内贬值的呼声很高的情况下,英国宣布退出欧洲货币体系,而绝不正式将英镑贬值,同时宣布仍要继续执行反通货膨胀的货币政策。

因此,中央银行干预外汇市场的目标或是为了稳定汇率以有助于稳定国民经济和物价,或是为了实施国内外贸政策,或是为了抑制国内通货膨胀。

### 7.3.2 中央银行干预外汇市场的手段

#### 1)口头干预

所谓口头干预是指官方发表声明或讲话,对外汇市场以舆论导向的方式进行试探性的打压或抬高,影响汇率的变化,达到干预的效果,它被称为干预外汇市场的"信号反应"。中央银行这样做是希望外汇市场能得到这样的信号:中央银行的货币政策将要发生变化,或者说预期中的汇率将有变化等。一般来说,外汇市场在初次接受这些信号后总会作出反应,但是,如果中央银行经常靠"信号效应"来干预市场,而这些信号又不全是真的,就会在市场上起到"狼来了"的效果。1978—1979年卡特政府支持美元的干预,经常被认为是"狼来了"信号效果的例子。而1985年西方五国财政部长和中央银行行长的"广场饭店声明"立刻使美元大跌,就经常被认为是"信号效应"成功的例子。

**2)直接入市干预**

直接入市干预,即中央银行在外汇市场上买进或卖出外汇,使汇率波动有利于本国,这是西方国家中央银行平稳汇率的主要手段之一。当一国货币持续、大幅度下跌时,该国中央银行就抛外币、购本币,以支持本币汇率回升;反之,本国汇率一直上升,该国中央银行便抛本币、购外币,以阻止上升。至于本币是升是降,主要取决于本国的经济状况和实力,以及主要贸易伙伴的态度。中央银行最明显的干预是在即期外汇市场上进行的,中央银行的干预因而成为外汇市场短期波动的重要原因之一。

当某种货币的买盘非常强劲时,直接干预行为就意味着中央银行必须卖出这种货币。如果中央银行卖出的货币数量相当有限,就只能够产生稍微的贬值,那么汇价随后通常都会再度上涨,结果干预的行为只会让买方能够以较低的价格买进该货币;只有中央银行进行大量的干预,汇率的走势才有可能发生反转。

中央银行的直接干预方式和效果,会因市场的反应而有所不同,具体表现如下所述:①在重要的压力位或支撑位附近进行干预比较容易产生效果。此处所进行的有限干预,其效果可能相当于走势明确时的大量干预。②如果外汇市场异常剧烈的波动是因为信息效益差、突发事件、人为投机等因素引起的,由于这些因素对汇市的扭曲经常是短期的,那么中央银行的干预会十分有效。③如果一国货币的汇率长期偏高或偏低,是由该国的宏观经济水平、利率和政府货币政策决定的,那么,中央银行的干预从长期来看是无效的。④数国中央银行联合进行干预,会对汇率市场造成重大的影响。如果此时交易者所设定的止损单被触发,市场就可能朝另一个方向发展,至少暂时如此。⑤如果中央银行希望本国货币汇率以稳定的方式贬值,可能需要同时在买、卖两方面进行干预。即为了缓和贬值速度,要在某些时候买进,而后在某些时候再卖出。⑥干预并不代表真正的市场供求。如果中央银行通过商业银行的渠道进行干预,则不泄漏交易来源,可以让市场误以为它们代表真正的供求变化,否则干预效果不好。⑦当市场预期中央银行可能干预时,会出现盘整走势,因为交易者担心所建立的头寸将因为干预而发生亏损。然而干预行为一旦实际发生,市场常会呈现"利空出尽是利好"的涨势。

通常中央银行的直接入市干预又分为一国单独干预和多国联手共同干预。多国联手干预多出现于应某一央行请求多国在同一时间共同买入或卖出该种货币,保证其汇率达到目标区间。大多数情况下,单个国家的汇率干预多出于在内部平衡(通胀、就业、增长等目标)和外部平衡(国际收支平衡)这两个目标间的选择,短期意图明确,但长期影响较为恶劣,易引发以邻为壑战略在多国的实施,不利于当今国际贸易发展趋势。相对于单个国家的外汇干预,多国联手干预多出于"维稳"的目的,即维持某种特殊货币波动的稳定,多为类似美元这类全球贸易货币,或能对区域经济产生重要影响的地方结算货币,如欧元、日元等,这类干预除基于地区经济稳定的目的外,也或多或少夹杂着政治因素,此类干预多被市场解读为一种救市之举,有提升投资者信心之效。当今外汇市场是一个统一的市场,一国中央银行的干预力量往往有限,因此多国联手干预便成为了一种趋势。最典型的中央银行联合干预行动的例子是 1985 年 9 月,美、英、法、日、德、加、意 7 国财长在巴黎卢浮宫开会,达成联手干预的决定。会后,中央银行一起向外汇市场"狂轰滥炸",轮番抛售美元,致使美元狂泻,将美元兑日元由 1 美元兑 240 日元直推到 1 美元兑 120 日元,跌幅 12 000 点,可见联手干预的威力。

### 3)调整汇率政策和货币政策

在中央银行干预外汇市场的手段上,又可以分为不改变现有货币政策的干预(又称"消毒干预")和改变现有货币政策的干预(又称"不消毒干预")。

所谓消毒干预是指中央银行认为外汇价格的剧烈波动或偏离长期均衡是一种短期现象,希望在不改变现有货币供应量的条件下,改变现有的外汇价格。换言之,一般认为利率变化是汇率变化的关键,而中央银行试图不改变国内的利率而改变本国货币的汇率。中央银行在进行这种干预时,常采取以下手段:中央银行在外汇市场上买进或卖出外汇时,同时在国内债券市场上卖出或买进债券,从而使汇率变化而利率不变化。

所谓不消毒干预,就是改变货币政策的干预。它是指中央银行直接在外汇市场买卖外汇,而听任国内货币供应量和利率朝有利于达到干预目标的方向变化。这种干预方式一般来说非常有效,但其代价是国内既定的货币政策会受到影响,这种干预是中央银行看到本国货币的汇率长期偏离均衡价格时才愿意采取的。

例如,如果美元在外汇市场上不断贬值,美联储为了支持美元的汇价,它可在市场上抛外汇买美元,由于美元流通减少,美国货币供应下降,利率呈上升趋势,人们就愿意在外汇市场多保留美元,使美元的汇价上升。

### 4)对资本流动实行外汇管制

这是指一国政府为平衡国际收支和维持本国货币汇率而对外汇进出实行的限制性措施。发达国家采取限制资本输入的措施通常是为了稳定金融市场和稳定汇率,避免资本流入造成国际储备过多和通货膨胀。它们所采取的措施包括:对银行吸收非居民存款规定较高的存款准备金;对非居民存款不付利息或倒数利息;限制非居民购买该国有价证券等。而发达国家一般又采取鼓励资本输出的政策,但是它们在特定时期,如面临国际收支严重逆差之时,也采取一些限制资本输出的政策,其中主要措施包括:规定银行对外贷款的最高额度;限制企业对外投资的国别和部门;对居民境外投资征收利息平衡税等。

中央银行的干预可能只局限于稳定汇价的范围内,可能是希望扭转汇率走势,也可能是仅仅测试市场的走势,还可能是试图操纵货币的升值与贬值。它们可以直接干预汇率,也可以通过利率政策来进行间接的干预,甚至采用道德劝导或威胁等手段。它们有时成功,有时失败,但中央银行的意图与行为都应该被视为重要的市场因素。

对于中央银行干预外汇市场的重要手段,我们在具体分析时需要注意两个方面:①留意央行是否会入市买卖以及什么时候入市买卖(通常是先警告,后入市干预)。②要准确判断各国央行干预市场的动机和意愿,尤其是联合干预时,一定要客观地分析各国干预的真实动机,这是判断干预是否成功的关键,也是在干预时能否把握市场走势取得投资回报的关键。

### 7.3.3　政策调整对汇率走势的影响

**1)货币政策调整对汇率走势的影响**

货币政策的主要形式是改变经济体系中的货币供给量。货币政策在执行上可以分为紧缩和放松两种情况。紧缩的货币政策是指通过中央银行提高再贴现率、提高商业银行在中央银行的存款准备金率以及在市场上卖出政府债券,来减少社会上的货币供给量,限制社会过热的投资现象,这将造成该国货币的升值;如果是放松的货币政策,则其目的是增加社会上的货币供给量,以吸引投资和消费,这将造成该国货币的贬值。各国政府采取何种货币政策,在很大程度上直接关系到货币的强弱。

**2)财政政策调整对汇率走势的影响**

人们常常把财政状况作为预测汇率变动的重要指标。财政政策调整对汇率走势的影响是通过财政支出的增减和税率调整来影响外汇供求关系的。紧缩的财政政策通常会减少财政支出和提高税率,这会抑制社会总需求与物价上涨,有利于改善一国的贸易收支和国际收支,从而引起一国货币对外汇率的上升。此外,一般而言,若一国政府减税,将导致市场中货币流通量的增加,驱使货币贬值;若一国政府增税,将导致市场中货币流通量的减少,驱使货币升值。

**3)政府之间政策协调对汇率走势的影响**

政府的政策变化对汇率变化的影响包括两个方面的内容:①单独国家的宏观经济政策,如财政政策、货币政策、汇率政策等,它们的变化会引起本国货币汇率的变动,从而影响国际外汇市场;②工业国家之间的政策协调出现配合失衡或背道而驰时,外汇市场也经常会剧烈波动。

政府之间政策协调失衡也是外汇市场波动的原因之一,人们往往能从现有的政府间外汇政策的协调中,找到汇率波动的某些趋势。由于各国奉行的经济政策不一致,各国的经济需求也不一致。货币紧缩对一国有利,对另一国可能造成衰退。财政扩张,对一国能刺激经济,而对另一国可能引起通货膨胀。因此,完全同步的货币和财政政策在短期内是可行的,但不可能维持很长时期。而经济的相互依赖性也要求工业国家在汇率政策上进行协调。例如,在经济衰退时,采取较一致的扩张性政策措施;在通货膨胀率上升时,采取一致的紧缩性政策;而在需要采取混合的政策时,各国也能配合一致。这种做法的好处是可以稳定外汇市场,又不影响利率、贸易和供求的稳定。因此,工业国家政策的同步性便可成为市场交易者判断外汇市场走势的一个标志。

我们在利用中央银行政策调整对汇率走势进行分析时,需要注意的是我们分析和研究一国经济政策的目的不是为了预测经济政策本身,而是借由其可能带来的经济影响、心理影响和资金流动影响等方面辅助我们了解市场趋势,使我们得以成功盈利,如 2000—2003 年,美国的强势美元政策,EUR/USD,如 2000—2001 年,美国的强势美元政策,突出表现是美国的利率明显高于欧盟,导致大量资金流入美国,致使欧元贬值。1999 年 12 月—2000 年 5 月,欧元汇率处于升跌交替的盘整状态,在 2000 年 1 月末跌破 1∶1 的平价关口,2000 年 6—11 月在短暂反弹后加速下跌,并且创下了历史最低点 0.822 4 美元,2001 年中期又跌至低谷。而美国在 2001 年后结束高利率政策,美联储在 2001—2003 年连续 13 次降息,联邦基金利率跌至 45 年来最低水平 1%,使得欧盟利率远高于美国利率,大量资本从美国流入欧盟,导致欧元坚挺。在 2002 年 2 月 1 日,欧元汇率从 0.856 的价位一路上扬,经 2 月到 6 月的小幅调整后,欧元于 7 月中旬突破 1∶1 的关键价位,此后 4 个月,欧元基本接近美元的平价水平,并向上突破,进入 2003 年,欧元频频走高,此后走势就持续上扬,直至 2004 年年底。

# 7.4    政治与新闻因素分析

从任何一种主要货币对汇率的长期走势图中,人们都可以发现国际政治、经济格局的变化情况。每次突发事件、每项重要的经济统计数据都会在外汇市场上引起剧烈的波动,使汇率涨跌史成为国际政治经济发展史的一个缩影。从事外汇投资,进行外汇交易的基本面分析,把握外汇走势的长期趋势时,都要十分注意分析政治和新闻因素的作用,只有认清它们的作用和规律,才能在外汇市场立于不败之地。

政治和新闻因素,是指社会政治生活中发生的一系列出乎意料的事件。影响外汇交易行情的政治和新闻因素包括政权的更替、选举、战争、重大政策的改变等。某些政治事件即将发生时,由于其中所涉及的不确定性,即事件不明朗时,该国外汇汇率通常会走软。在某些情况下,市场可能对事件结果有相当把握,汇率也会预先反映相关的预期,或是上升,或是下降。在政治和新闻事件发生之前,往往首先会出现一些传言,外汇交易市场对各种政治和新闻传言会作出相应的反应。如果传言确实可信,汇率会产生反应;当传言被证实时,市场可能不再反应。所以,在外汇市场上就流传着一句古老的格言:传言出现时买进,传言证实后卖出。

## 7.4.1    政治因素对汇率走势的影响

由于政治因素的出现多带有突发性,来得快、去得猛,事前无征兆,难以预测,所以对汇市的破坏力极大,造成外汇汇率短时间的大起大落。因此作为一个外汇投资者,不但要留意各国经济的变化,也必须经常了解、分析世界政治格局的变化及地区性热点问题的动态,对有关信息作出迅速的反应,否则很容易产生损失。一般来说,影响汇市的政治因素包括以下 7 个方面。

### 1)政权更替

当一个国家或地区的政权更替时,新生的政府可能把以前政权的货币作废,然后发行自己的货币,以前国家的货币就可能会变得一钱不值。例如,1990 年伊拉克占领科威特后,立即宣布科威特这个国家不复存在,科威特成为伊拉克的第19个省,科威特货币作废,导致大多数科威特富人一夜之间变成了穷人。

#### 2）政变

当一个国家发生政变时,该国货币的汇率就会大幅下跌,局势的动荡永远是打击货币的重要原因。例如,东南亚地区的政治局势一直不太稳定,像菲律宾、泰国、印尼等国,军人和不同的党派经常发生政变,每一次政变都会使该国货币遭到沉重打击。

#### 3）政府重要官员的遇刺或意外死亡

政府重要官员的遇刺或意外死亡也会给政治局势带来不安定的因素,并导致该国货币汇率的急跌。例如,在美国总统里根当政时,里根突然遭到刺杀,生死未卜,市场上的投机客听到这个消息,立即大量抛售美元,买入瑞士法郎和马克,令美元大幅下挫。

#### 4）政治丑闻和官员下台

一个国家的政治家、政府官员被牵扯到桃色事件、金融丑闻、选举舞弊、引咎辞职等事件时,也会造成该国货币的剧烈波动。例如,曾经有美国财长辞职,引发了许多投资者对在美国投资的不信任,致使大量的资金流出美国,令美元汇率大幅下跌。

#### 5）战争因素

战争因素也是令参战国汇率大跌的重要因素,因为投资者都担心该国是否经得起战争的拖累,是否会引发参战国经济衰退等问题。例如,美国和伊拉克战争前夕,美元一直遭受巨大压力,这使避险货币瑞士法郎的汇率节节上升。

#### 6）罢工

罢工会导致罢工所在国的经济受到冲击,同时驱使该国货币汇率下跌。例如,美国西海岸的罢工曾一度致使美国经济疲软,使美元汇率短期内处于弱势。

#### 7）恐怖袭击

恐怖袭击也是令汇率短期内大幅下挫的主要因素。例如,"9·11事件"中世贸大厦受到恐怖袭击,造成了数千人死亡,这些人都是美国经济界和金融界的精英,这对于美国经济的损失是不可估量的。当时引发了美元汇率的大幅下降,人们纷纷抛售美元,买入瑞士法郎、欧元等避险货币来逃避风险,半个小时内瑞士法郎的涨幅接近5%。

影响外汇市场的社会政治因素通常都是一些突发性事件,这种短期性突发事件会引起外汇的现货价格波动,甚至背离长期的均衡价格。但是当事件发生后,外汇走势又会按照其长期均衡价格的方向变动。一般来说,短期的价格变动最多只会修正长期外汇均衡价格的方向,却很难改变或彻底扭转它的长期波动趋势。

### 7.4.2　新闻因素对汇率走势的影响

"新闻"是指那些不可预料的事件,包括经济统计数字的发表、政治事件、新的国际货币安排、谣言等。需要注意的是,新信息和"新闻"之间存在很大的差别。这是因为外汇市场对信息的反应不取决于它们是"好"还是"坏",而是取决于它们是比预期中"更好"还是"更坏"。新的信息中可能不仅包括未预期的信息,还包括人们已经预期到的信息。由于预期到的信息已经体现在现有的市场汇率之中,那么接下来的汇率将根据未预期到的信息发生变化。例如,当政府的货币供给、利率调整等重大政策出台后,汇率的变化并不取决于这些政策本身,而是取决于这些政策和人们预期之间的差额。所以,只有从"总"信息中减去预期到的信息,剩下的"净"信息才是"新闻"。

新闻因素会影响外汇市场上交易者的预期。任何新闻因素都会即时、有效地融入即期汇率或远期汇率的决定中,因此这也解释了在即期汇率和远期汇率之间,所获得的新信息可能导致远期汇率有偏差,而远期汇率很难解释将来即期汇率的变动。如果新的信息是重要的,则检验远期外汇市场的有效性应该融入变量的非预期变动来进行有效性检验。

新闻舆论是影响汇率走势的一种突发性因素,包括层出不穷的报纸、杂志等各种新闻舆论工具的报道和一些广泛传播的小道消息,如经济统计数据、地区冲突、自然灾害等。对于一个处于稳定走势的外汇市场,重要的新闻入市,将会打破原有的稳定走势,使外汇市场发生短期波动。新闻因素对外汇市场的冲击是经常的和大量的。

# 7.5   市场预期心理和投机因素分析

## 7.5.1   市场预期心理对汇率走势的影响

在浮动汇率制度下,许多经济学家认为浮动汇率制度本身存在着某种内在稳定机制,即当某种货币贬值时,投机者会卖出这种货币,当某种货币升值时,投机者会买进这种货币,投机者的行为对汇率具有稳定的冲击。如果投机者的行为是不稳定的,他们低卖高买,那么他们将蒙受损失,最终会从外汇市场上消失;而汇兑心理学则认为外汇汇率是外汇供求双方对货币主观心理评价的集中体现,评价高、信心强,则货币升值。这一理论对解释无数短线或极短线的汇率波动起到了重要的作用。

所谓市场心理,是指市场上多数人在某一特定时间、特定形式下,对某种汇率走势的看法,它是在一定时间内慢慢酝酿而形成的。通过心理预期因素分析外汇汇率走势有两个重要的指标:①消费者情绪指数(Consumer Sentiment Index,CSI),是密执安大学一批研究者每个月通过电话对 700 个典型家庭进行交叉抽样调查得出的结果;②消费者信心指数(Consumer Confidence Index,CCI),是一个被称作"会议委员会"的机构将抽样调查扩展到 5 000 个具有代表性的家庭样本所得出的结果。在信心指数中,预期是影响汇率走势的一个主要因素,预期因素对汇率的作用机制是:预期导致价格水平或利率的变化,再导致汇率的变化。

外汇市场是一个充满预期的市场,在这里,只有人没有其他的东西。各种数据资料、政治新闻、技术分析等,均对参与外汇市场的交易者产生巨大的、频繁的心理预期。当交易者预料某种货币可能会贬值时,他们会大量抛出;而当预料这种货币的汇率可能会上升时,则会大量买进。由于这种大出大进,也会使汇率发生变化,加强了升或跌的趋势。

市场参与者常根据所掌握的信息作出预期并事先作出反应,而消息公布时,市场首先并不对消息本身作出反应,而是通过将事实与市场原来的预期相比较,并对原来的预期进行调整。预期心理影响下的市场常出现与经济理论分析不一致的变化,不了解这个特点而拘泥于基本经济理论来理解市场变化,必将遭受损失。

市场预期与实际经济发展并不完全一致,有时预测正确,有时也会大相径庭,很难说市场是否具有理性。但不论预期正确与否,预期往往成为影响短期汇率走势的最主要因素。

### 7.5.2 投机因素对汇率走势的影响

投机是价格风险的转移过程,投机性因素是影响外汇汇率走势的重要因素。根据国际清算银行的统计数据,全球外汇交易额中有90%的交易是投机性交易。因此,外汇交易的基本面分析必须研究投机因素如何影响外汇市场的走势。在各种分析和预期的驱使下,外汇投机活动风靡全球,同时也揭示了一些风险意义。

#### 1)利率差异是外汇投机交易的重要根源

按照利率平价理论,当一国利率高时,外国金融机构和投资者纷纷提供低息贷款,本地以为这是廉价的资金而纷纷借贷,导致资本的大量流入。这些资本进入的目的是通过较高的货币利率来谋取利润,或从不动产、股票买卖来牟取暴利。当资产价格炒得过高、风险加剧时,这些资金就会突然抽出,于是产生金融危机或经济危机,导致泡沫经济的破灭。泰国金融危机和巴西货币危机就突出地说明了这种情况。因此,利率差是投机经济和泡沫经济的重要根源。

#### 2)金融监管水平低下是外汇投机交易的温床

从东南亚金融危机和巴西货币危机等实际情况来看,发展中国家外汇汇率的平稳运行与其金融监管水平及其对资本流动管理的有效性直接相关。例如,泰国采取的政策是积极鼓励资本的净流入,与此同时,金融机构的建设和相应的间接金融调控工具的发展,却滞后于资本项目的开放和金融自由化的进程,而泰国的固定汇率制度限制了货币政策在调控外资流入时的自主性,加剧了对资本回报率不可持续的预期。因此,泰国的金融体系难以抵御投机性攻击,导致了危机的发生。

投机性因素对外汇汇率走势的影响,称为投机性攻击(Speculative Attacks)。在经济学中,它一般是指这样的一种情形:投机者们突然取得了政府某个资源储备(如黄金储备、美元储备等)的较大份额,而这种资源的价格(如外汇汇率)正是政府承诺要保持稳定的。在固定汇率情况下,货币供给是由货币需求决定,而在国内信用扩张存在的情况下,钉住汇率意味着中央银行将损失其储备直至用完为止。可见,未来危机不是由货币市场本身引发的,而是由商品市场引发的,是经常项目赤字或实际汇率贬值的结果。因此,促成投机性攻击的一个基本因素,是对政府未来政策的预期。

市场投机因素对汇率走势的影响可以分为理性泡沫和非理性泡沫,其共同特点是重视预期的作用。两者的本质区别在于前者以理性预期假说为前提,后者以否定理性预期假说为出发点。投机者总是在利用各个国家的政策漏洞和偏差以及缺乏管理经验来冲击金融市场,从市场价格的波动中获取高额的利润回报。

在目前国际金融市场上,短期性资金数额十分庞大。这些巨额资金对世界各国的政治、经济、军事等因素都具有高度敏感性,受到投机性因素的支配,一旦出现风吹草动,就到处流动,或为保值,或为获取高额投机利润。

在每天的外汇交易中,90%以上用于投机交易活动。投机因素是外汇市场主要的短期影响因素之一。投机买卖以营利为目的,并通过改变投资心理带动市场趋势来实现目的。我们在进行分析时,需要注意3个方面:①投机买卖不会毫无根据地进行,它必须配合或者创造特定的市场环境来发挥影响,投资者如果通过简单的汇率波动表象进行判断和操作是危险的;②分析要围绕市场状况展开,判断是否存在投机的环境和条件;③投机活动影响是短暂的,因而主要用于短线市场分析。

以上是影响汇率变动的主要因素,但外汇市场与其他市场相比,信息量异常庞大,真伪难辨。这些基本面的变化正说、反说都有理,就像股评:利好消息出来了,如外汇市场大涨,可以说是"受利好消息刺激的原因";利好消息出来了,若外汇市场大跌,又可以说成是"利好出尽是利空的原因"。因此,汇评师的言论不可全信,而单纯通过对基本因素的分析来获得利润的可能性也不大,最好是综合研判基本面分析和技术面分析。

# 7.6　相关市场的发展变化分析

## 7.6.1　国际石油市场

石油作为一种基础能源产品,它的价格变化牵动着经济领域的方方面面,并且在一定程度上影响着汇率。而石油价格对石油进口国和出口国汇率的影响有所不同。

### 1)石油价格对石油进口国汇率的影响

（1）相对通货膨胀率渠道

石油价格的上涨直接提高了石油产品的价格和使用能源产业的成本,并且通过成本、工资、预期等因素最终导致了整体价格水平的上涨。所以,石油价格较大的波动如果持续时间较长,一定会传导到物价,并导致通货膨胀。

高通货膨胀率能通过多种方式影响汇率。首先,它相对提高了出口商品的成本和价格,削弱了出口商品在国际市场上的竞争能力,从而影响贸易外汇收入。其次,它使劳动力价格及各种服务价格上升,从而减少了非贸易外汇收入。最后,它还使一国实际利率低下,阻碍资本流入,刺激资本流出,使资本项目恶化。不论是外汇收入的减少还是资本项目的恶化,最终都会导致本国汇率贬值。

（2）国际收支渠道

对于石油进口国来说,油价上涨需要支付更多的外汇储备用于石油进口,导致外汇储备下降和经常项目赤字增大。国际收支状况会直接影响该国外汇市场供求,进而影响汇率变动。一般而言,一国国际收支逆差,在外汇市场上会出现外汇供不应求的状况,促使外汇汇率上升,本币贬值。不过国际收支对汇率的影响要在较长时间内才能发挥作用。

（3）相对经济增长率渠道

在不考虑石油消费量增减的情况下,石油价格上升,意味着净进口支出增加,通过乘数效应,石油进口国国民收入将成倍收缩。历史上,每桶石油的成本每增加 1 美元,经济增长会减缓 0.5%。高盛投资银行曾预测,如果石油价格上升到 1 美元一桶,会使石油进口国当年的经济增长减少 0.3%,次年减少 1%。当然这个估计数据只是平均值,对石油进口依赖度越高的国家,经济受到的影响就越大。

相对经济增长率对汇率的影响比较复杂:首先,当一国经济高速发展时,对进口原材料及劳动力的需求会增加,同时经济增长,国民收入增加,对进口消费品的需求也会增加,这就引起外汇支出增大。如果此时外汇收入不能同时增加,外汇汇率就会上升。其次,经济增长速度较快的国家,往往劳动生产率也较高,这使该国产品在价格、质量等方面优于别国,产品在国际市场上竞争能力也就较强,这又会使该国产品出口增加。最后,当一国经济增长率较高时,利润率也会高于其他国家,这会吸引外国资本进入该国投资,从而增加该国外汇收入。当然这些因素对不同国家汇率的影响常常是有差别的,总的来说,对出口比例较大的开放型国家,经济高速发展会使本币坚挺。

（4）预期渠道

在国际金融市场高度发展的今天,预期对汇率的影响不容小视。不管是石油供给、需求、价格方面的预期,还是地缘政治、开发出新油田及新开采技术方面的预期,都会直接或通过石油价格间接影响汇率。

可以看出,国际石油价格上涨对汇率水平的影响不能一概而论。这取决于各个国家受油价影响的相对程度,以及哪个渠道对这个国家影响力更大。

**2）石油价格对石油出口国汇率的影响**

诸如沙特阿拉伯、伊拉克、伊朗等石油输出国组织（Organization of Petroleum Exporting Countries, OPEC）成员国,以及墨西哥、挪威、俄罗斯是幸运的石油出口国。石油价格上涨对这些国家汇率的影响,分析如下。

①石油价格上涨,能给石油出口国带来丰厚的外汇收入。由于外汇供给增加,本币相对供不应求,所以本币汇率趋升。

②出口收入增加,通过贸易乘数,带来国民经济的高速发展,失业率降低,本币汇率趋升。

③收入增加,经济快速发展,不可避免地带来物价上涨,本币对内贬值,并在一定的时滞后带来本币对外贬值。

④由于经济的过热以及物价的上升,理性的政府一般会提高利率,使经济平稳发展。高利率吸引国外资本流入套利,本币汇率趋升。

⑤有关石油的各种预测也会同样影响石油出口国的汇率。

在第二次世界大战之后,美国凭借其全球政治经济的霸主地位,使美元成为了全球最主要的国际储备货币和结算货币。这就意味着美国可以生产大量美元,并在世界范围内采购商品和服务。而其他国家则需要通过出口兑换美元来进行对外支付。此外还有很多其他因素的综合作用,因此在面临石油价格上涨时,世界各国对美元的需求会显著增加,且石油价格上涨会导致各国物价水平上升。最终的结果是石油价格上涨,美元无论是名义汇率还是实际汇率都将上升。

日元是受油价影响最大的货币,日元对油价十分敏感的原因是日本是一个能源匮乏的国家,其国内的石油绝大部分都要依赖进口。油价飙升会导致日本经济遭殃,其日元汇率也会承受很大压力。对于英镑而言,石油价格上涨会产生利好作用。而石油对于加元有80%的正相关性,加拿大属于排名前列的石油生产国。大部分情况下,加元上涨都是受惠于油价飙升。

### 7.6.2　国际黄金市场

黄金也曾经是货币的一种,后来才逐渐成为商品,不过由于其稀有性,黄金逐渐成为了金融市场政治和经济震荡时的有效避险工具。在外汇市场也不例外。

一般情况下,黄金价格和美元存在80%的逆相关。换句话说,金价如果上涨,大部分情况下美元会下跌,黄金的价格走势和美元走势是相反的。同时,由于黄金的避险属性,金价的坚挺意味着市场对美元缺乏信心。过去历年的市场情况表明,一旦出现政治或经济上的重大动荡,金价就会大幅上升。

而黄金对澳元汇率的影响是,金价上涨,则澳元也相应地上涨。其原因是强势黄金对澳大利亚国内制造业有利。交易澳元就相当于交易黄金本身。此外,澳大利亚是世界排名第三的黄金生产国,澳元走势与黄金等贵金属是85%的正相关。所以,黄金价格上涨,澳元也会一起升值。

综上所述,影响汇率变化的因素有很多,包括基本经济因素、中央银行的干预、政府政策的调整、政治因素、新闻因素、市场预期心理、投机因素及相关市场的发展变化,但是需要注意的是在不同时期,外汇市场所关注的因素会有所不同,而且同样的经济因素,在不同时期市场关注的数据重点也会有所不同,因此,我们需要寻找市场热点。

# 7.7　主要货币对的影响因素

## 7.7.1　欧元/美元

### 1)欧元的特性

欧元占美元指数的权重为57.6%,比重最大,因此,欧元基本上可以看作是美元的对手货币,投资者可参照欧元来判断美元的强弱。欧元的比重也体现在其货币的特性和走势上,因为比重和交易量大,欧元是主要非美元币种里最稳健的货币,如同股票市场里的大盘股,常常带动欧系货币和其他非美货币,起着领头羊的作用。因此,新手入市,选择欧元作为主要操作币种,颇为有利。

美国方面,因其国家实力、影响力以及政治结构等原因,政府对货币的干预能力颇强,美元的长期走势基本上可以按照美国的意图来发展;而欧元的政治结构相对分散,利益分歧较多,意见分歧相应也多,因此欧盟方面影响欧元汇率的能力大打折扣,不能与美国同日而语。当欧美方面因利益分歧在汇率上出现博弈时,美国方面占上风是毋庸置疑的。

欧元面市时正处于技术分析网络化和大众化时期,它的走势颇为符合技术分析的规则。欧元历史走势平稳,交易量大,不易被操纵,人为影响因素较少。因此,仅从技术分析的角度而言,对其较长趋势的把握更为有效。除一些特殊市场状况和交易时段外,一般而言,欧元在重要点位和趋势线以及形态上的突破,都是较为可靠的。

### 2)欧元的影响因素

（1）欧盟区（The Eurozone）

欧盟区由若干欧洲国家组成,例如,德国、法国、意大利、西班牙、荷兰、比利时、奥地利、芬兰、葡萄牙、爱尔兰、卢森堡和希腊等,均使用欧元作为流通货币。因此,欧盟区的国内政局的稳定性、经济状况的好与坏、统一政策的执行情况等,对欧元汇率的影响很大。

（2）欧洲央行（European Central Bank，ECB）

其职能是维护货币的稳定,管理主导利率、货币的储备和发行以及制定欧洲货币政策,独立于欧盟机构和各国政府之外。其货币利率的调整及其相关货币政策的出台,对欧元的走势影响比较大。

（3）一般利率（Normal Interest Rate）

一般利率是央行用来调节货币市场流动性而进行的"借新债还旧债"中的主要短期利率。此利率和美国联邦资金利率的利差,是决定 EUR/USD 汇率的因素之一。

（4）3 个月欧洲欧元存款（3-Month Euro deposit）

该存款指存放在欧元区之外的银行中的欧元存款。同样,这个利率与其他国家同种同期利率的利差也被用来评估汇率水平。例如,当 3 个月欧洲欧元存款利率高于同期 3 个月欧洲美元存款利率时,EUR/USD 汇率就会得到提升。

（5）10 年期政府债券（10-Year Government Bonds）

其与美国 10 年期国库券的利差是另一个影响 EUR/USD 汇率的重要因素,通常用德国10 年期政府债券作为基准。如果其利率水平低于同期美国国库券,那么当利差缩小时（即德国债券收益率上升或美国国库券收益率下降）,理论上会推升 EUR/USD 汇率。两者的利差比两者的绝对价值更有参考意义。

（6）经济数据（Economic Data）

最重要的经济数据来自于德国,因为德国是欧元区内最大的经济体。主要数据包括国内生产总值（GDP）、通货膨胀数据（CPI 或 HCPI）、工业生产指数（Industrial Production）、失业率（Unemployment Rate）、IFO 经济景气指数（IFO Business Climate Index）以及欧元区的稳定和增长协议(the Stability and Growth Pact)等。

(7)交叉汇率(Cross Rate)

交叉汇率也会影响欧元汇率。

(8)3个月期欧洲欧元期货合约(3-Month Euro Futures Contract)

这种合约价值显示市场对3个月欧洲欧元存款利率的期望值。例如,3个月期欧洲欧元期货合约和3个月期欧洲美元期货合约的息差,决定了EUR/USD未来走势的基本变化。

(9)政治因素

和其他汇率相比,欧元汇率最容易受到政治因素的影响,因为它所覆盖的国家众多,如法国、德国或意大利的国内因素,就能对欧元汇率产生影响。

欧盟的主要贸易对象:

欧盟的主要出口对象:美国、瑞士、日本。

欧盟的主要进口对象:美国、日本、中国。

## 7.7.2　英镑/美元

### 1)英镑的特性

英国与欧元区经济、政治密切相关,且英国原为欧盟的重要成员国,因此欧盟方面的经济政治变动,对英镑的影响很大。相对于其他货币而言,英镑和欧元走得比较近。

伦敦作为货币交易最为活跃的国际金融中心,使英镑受益匪浅。英镑是曾经的世界货币,目前则是最值钱的货币,因其对美元的汇率较高,但其交易量又远逊于欧元,因此其货币特性就体现为波动较强。而伦敦作为最早的外汇交易中心,交易员的技巧和经验都非常丰富,这些交易技巧在英镑的走势上得到了很好的体现。

英镑相对欧元来说,人为因素较多,特别是短线的波动。因此,短线操作英镑是考验投资者功力的"试金石",建议那些经验和技巧欠缺的投资者最好对英镑敬而远之。

### 2)英镑的影响因素

(1)英国央行(Bank of England, BOE)

英国央行是英格兰银行,该行从1997年开始,即获得了独立制定货币政策的权力。它的主要目标是通过货币政策来控制符合英国财政部规定的通货膨胀标准。

(2)货币政策委员会(Monetary Policy Committee, MPC)

主要负责制定利率水平,对英镑利率的影响不言而喻。

(3)利率(Interest Rate)

英格兰银行的主要利率是最低贷款利率(基本利率)。每月的第一周,英格兰银行都会用利率调整来向市场发出明确的货币政策信号,利率变化通常会对英镑汇率产生较大影响。英格兰银行同时也会通过每天对从贴现银行(指定的交易货币市场工具的金融机构)购买政府债券交易利率的调整来制定货币政策。

(4)金边债券(Gilts)

英国政府债券也称为金边债券,10年期金边债券收益率与同期其他国家债券或美国国库券收益率的利差,会影响英镑和其他国家货币的汇率。

(5)3个月期欧洲英镑存款(3-Month Euro Sterling Deposits)

指存放在非英国银行的英镑存款。其利率和其他国家同期欧洲存款利率之差,也是影响英镑汇率的因素之一。

(6)经济数据(Economic Data)

英国的主要经济数据包括初始失业人数、初始失业率、平均收入、扣除抵押贷款外的零售物价指数、货币供应量(M4)、收入与房屋物价平衡等。

(7)财政部(Treasury)

其制定货币政策的职能从1997年以来逐渐减弱,然而财政部依然为英格兰银行设定通货膨胀指标并决定该行主要人员的任免。

(8)金融时报100指数(FTSE 100)

这是英国的主要股票指数。与美国和日本不同,英国的股票指数对货币的影响比较小。但尽管如此,金融时报指数和美国道琼斯指数仍有很强的联动性。

(9)3个月期欧洲英镑存款期货(短期英镑)[3-Month Euro Sterling Futures Contract (short sterling)]

该期货合约价格反映了市场对3个月以后欧洲英镑存款利率的预期。它与其他国家同期期货合约价格的利差,也会引起英镑汇率的变化。

(10)交叉汇率(Cross Rate)

交叉汇率也会对英镑汇率产生影响。

(11)英镑与欧盟的关系

英国如果想加入欧元区,则英镑的利率水平必须降低到欧元的利率水平。如果公众投票同意加入欧元区,则英镑必须为了本国工业贸易的发展而对欧元贬值。因此,任何关于英国有可能加入欧元区的言论都会打压英镑汇价。

英国的主要贸易对象:美国、欧元区。

### 7.7.3　美元/瑞士法郎

**1)瑞士法郎的特性**

瑞士是传统的中立国,瑞士法郎也是传统的避险货币,在政治动荡期间,能吸引避险资金流入。另外,瑞士宪法曾规定,每一瑞士法郎必须有40%的黄金储备支撑,虽然这一规定已经失效,但瑞士法郎同黄金价格仍具有一定心理上的联系。黄金价格的上涨,能带动瑞士法郎一定程度的上涨。与黄金的心理联系更是加强了其避险货币的特征。

瑞士是一个金融业极其发达的国家,其苏黎世的投资客举世闻名。瑞士也是一个小国,因此,决定瑞士法郎汇率更多的是外部因素,主要因素是美元的汇率;另外,因其也属于欧系货币,因此平时常跟随欧元的走势,图像上是欧元的镜像倒转。瑞士法郎货币量小,在特殊时期,特别是政治动荡引发对其大量的需求时,能很快推升瑞士法郎的汇率,且容易使该币值被高估。

瑞士法郎是重要的风向标。这既表现在瑞士法郎是美元的"死对头",当其对美元较其他欧洲货币走势强劲时,美元后市很可能下跌;同时对欧洲货币来说,瑞士法郎有如下定律可供遵循。

①由瑞士法郎领涨的上涨是有力度的上涨。

②由瑞士法郎领跌的下跌是有力度的下跌。

③瑞士法郎疲软地上涨是反弹行情。

④瑞士法郎坚挺地下跌,其下跌幅度将有限。

⑤主流盘局中瑞士法郎的强弱暗示着盘局的突破方向。

**2)瑞士法郎的影响因素**

(1)瑞士国家银行(Swiss National Bank,SNB)

瑞士国家银行在制定货币政策和汇率政策上有着极大的独立性。一般而言,当国家银行想提高市场的流动性时,就会买入外币(主要是美元),并卖出瑞士法郎,从而影响汇率。

(2)利率(Interest Rate)

瑞士国家银行有时使用贴现率的变化来宣布货币政策的改变,这些变化对货币有很大影响。但是正常情况下,贴现率却并不经常被该行作为贴现功能使用。

(3)3个月期欧洲瑞士法郎存款(3-Month Euroswissfranc Deposits)

是指存放在非瑞士银行的瑞士法郎存款。其利率和其他国家同期欧洲存款利率之差,也是影响汇率的主要因素之一。

(4)经济数据(Economic Data)

重要的经济数据包括国内生产总值(GDP)、货币供应量(M3)、消费物价指数(CPI)、工业生产指数(Industrial Production)、失业率(Unemployment Rate)等。

(5)3个月期欧洲瑞士法郎存款期货合约(3-Month Euroswiss Futures Contract)

该期货合约价格反映了市场对3个月以后的欧洲瑞士法郎存款利率的预期,该合约价格与其他国家同期期货合约价格的利差,也可以引起瑞士法郎汇率的变化。

(6)交叉汇率(Cross Rate)

交叉汇率的变化也会对瑞士法郎的汇率产生影响。

(7)其他因素

由于瑞士和欧洲经济联系紧密,瑞士法郎和欧元的汇率显示出极大的正相关性,即欧元上升的同时也会带动瑞士法郎的上升,两者的关系在所有货币中最为紧密。

(8)特殊角色

瑞士法郎有史以来一直充当避险货币的角色,这是因为瑞士国家银行独立制定货币政策,同时,这也与瑞士全国银行系统的保密性以及瑞士的中立国地位密不可分。此外,瑞士国家银行充足的黄金储备量也对货币的稳定性有很大的帮助。

## 7.7.4 美元/日元

**1)日元的特性**

日本国内市场狭小,为出口导向型经济,特别是近十余年的经济衰退,更使出口成为其国内经济增长的支柱。为了抑制日元走强,日本财政部经常性地干预汇市,使日元汇率不至于过强,手段主要是口头干预和直接入市。因此,日本央行和财政部官员经常性的言论对日元短线波动影响较大,经常性地干预汇市、使日元汇率不至于过强、保持出口竞争力,已成为日本惯用的外汇政策。

日本央行是世界上干预汇率最频繁的央行,且日本外汇储备位居世界第二,干预汇市的能力较强。因此,对于汇市投资者来说,对日本央行的关注是必需的。

日本经济的对外联系比重极大,与重要的贸易伙伴如美国、中国以及东南亚地区密切相关。因此日本汇率非常容易受外界因素的影响。例如,中国经济的增长对日本经济的复苏日益重要,因而中国方面经济增长放缓的消息对日元汇率的负面影响也较大。日本虽是经济大国,但政治上受制于美国。日本对石油的依赖较大,石油价格的上涨对日元的影响是负面的,但近几年有所变化。

**2）日元的影响因素**

（1）日本财政部（Ministry of Finance，MOF）

日本财政部是日本制定财政和货币政策的唯一部门。日本财政部对货币的影响要超过美国、英国、德国等国的财政部。日本财政部的官员经常就经济状况发布一些言论,这些言论一般都会对日元造成影响。

（2）日本央行（Bank of Japan，BOJ）

在 1998 年,日本政府通过一项新法律,允许日本央行不受政府影响独立制定货币政策（但日元汇率仍然由财政部负责）,因此,日本央行的利率政策对日元的影响很大。

（3）利率（Interest Rate）

隔夜拆借利率是日本主要的短期银行间利率,由日本央行决定。此利率是日本央行用来表达货币政策变化的信号,也是影响日元汇率的主要因素之一。

（4）日本政府债券（Japanese Government Bonds，JGB）

10 年期日本政府债券的收益率被看作长期利率的基准指标。例如,10 年期日本政府债券和 10 年期美国国库券的基差,被看作推动 USD/JPY 利率走向的因素之一。日本政府债券的价格下跌（即收益率上升）,通常会对日元汇率形成利好的作用。

（5）经济数据（Economic Data）

重要的经济数据包括国内生产总值（GDP）、货币供应量（M2+CD）、商业景气现状和预期调查、工业生产指数（Industrial Production）、失业率（Unemployment Rate）等。

（6）日经 225 指数（Nikkei-225）

这是日本股票市场的主要指数。当日本汇率合理降低时,会提升以出口为目的的企业汇率,同时整个日经指数也会上涨;但当外汇市场强劲时,也会吸引国外投资者大量使用日元投资于日本外汇市场,促使日元汇率上升。

（7）交叉汇率（Cross Rate）

交叉汇率也会对日元汇率产生影响。

（8）经济和财政政策署（Economic and Fiscal Policy Agency）

于 2001 年 1 月 6 日正式替代原有的经济计划署（Economic Planning Agency，EPA）,其

职责包括阐述经济计划和协调经济政策,包括就业、国际贸易和外汇汇率。

(9)国际贸易和工业部(Ministry of International Trade and Industry,MITI)

负责指导日本本国工业发展和维持日本企业的国际竞争力。但其重要性比起 20 世纪 80 年代和 90 年代早期已经大大削弱,因为当时日美贸易量会左右汇市。

日本的主要贸易对象:

日本的主要出口对象:美国、中国、韩国。

日本的主要进口对象:中国、美国、韩国。

### 7.7.5　美元/加元

#### 1)加元的特性

加元就是加拿大元的简称,和其他货币一样是商品货币。在外汇交易中,我们将那些原材料出口占比很大的国家的货币称为商品货币。这些原材料包括贵金属、原油、农产品等。原材料构成了这些国家出口的极大份额,商品价格上升可能导致这些国家的币值上升。加拿大因为和美国接壤,所以加拿大和美国的双边贸易要高于其他的国家,这也造成了加元在货币市场的独特地位。加元和商品价格之间的正相关性接近 60%。总体而言,强劲的商品价格有利于国内的生产商,增加了他们的出口收入。

加拿大是西方 7 国里最依赖出口的国家,其出口占其国内生产总值的四成,而出口产品主要是初级农产品和海产品。加元是非常典型的美系货币,在加拿大的出口额中,80% 流向了美国。从 20 世纪 80 年代起,加拿大对美国就一直有贸易顺差。来自美国的强劲需求,以及能源价格的上涨,使得加拿大能源出口额始终处于高位。因此,加拿大经济对美国经济的变化高度敏感。当美国经济加速时,与加拿大公司的贸易增加,加拿大的整体经济因此受益。然而,当美国经济减速时,由于美国公司减少进口业务,加拿大的经济会遭受重大损失。加拿大和美国的双边贸易特点,使得加拿大的经济水平在很大程度上受美国经济影响,加拿大与美国的经济依存度极高。因此,加元对主要货币和美元对主要货币的走势基本一致,例如,欧元对加元和欧元对美元在图形上保持良好的同向性,只是在近年美元下跌中,此种联系才慢慢减弱。我们经常可以通过加拿大的经济数据推测美国的经济数据。

另外,在西方 7 国之中,加拿大是唯一一个石油出口国,因此石油价格上涨对加元是利好,对美元是利空。

#### 2)加元的影响因素

(1)加元本身

加元也被认为是一种"商品货币",因为大约一半的加拿大出口来自于商品的出口。但是这些商品多数是非能源商品,所以加元汇率更多地受到非能源商品价格变动的影响。

(2)加拿大银行的影响

加拿大银行是加拿大的中央银行。加拿大银行的主要目标是"低而稳定的通胀"和"安全而可靠的汇率"。加拿大银行的通胀目标(年增长率)在 2.0%,也就是 1.0% ~3.0% 通胀目标区间的中点。虽然通胀水平以消费者价格指数(CPI)来计算,但是加拿大银行使用核心消费者价格指数(扣除食品和能源价格)作为实际操作中的参考,来评测潜在通胀趋势和更好地评估消费者价格指数在未来的变化。

加拿大银行的董事会由行长、副行长和另外 12 名董事构成。除此之外,副财政大臣也列席董事会会议但没有投票权。行长和副行长由董事任命,任期 7 年,可以连任,而董事则由财政大臣任命。如果财政大臣和加拿大银行在货币政策上出现分歧,财政大臣在与行长协商后,可以递交给行长一份书面通知要求行长必须执行。

（3）货币政策

直到 2000 年 11 月,加拿大银行才开始引入货币政策会议的新制度,即事先确定每年 8 次的货币政策会议日期,并在会议当天宣布货币政策内容。此前,加拿大银行可以在任何一个工作日调整利率。利率决策结果通常在某个周二或者周三的上午 9 点（当地时间）公布。

（4）利率

加拿大的关键利率是隔夜利率或者叫作现金利率,它是银行间借贷资金的利率的基准。"加拿大银行利率"高于隔夜利率区间 50 个基点,是加拿大的银行机构使用大额资金转账系统持有隔夜资金时向加拿大银行支付的利率。

（5）交叉汇率的影响

交叉汇率也会对加元汇率产生影响。

（6）经济数据（Eonomic Data）的影响

加拿大最重要的经济数据包括加拿大货币状况指数（MCI）、消费物价指数（CPI）、失业率、贸易收支平衡、GDP、生产者物价指数、零售销售、房屋营建许可、工业品价格指数、Ivey 采购经理人指数、制造业指标。

（7）企业合并与收购活动

由于美国与加拿大毗邻,在全世界的公司力争全球化的环境下,跨国的合并活动非常普遍,这些合并收购活动导致了两个国家之间的资金流动,最终影响货币的波动。

（8）加拿大政府债券（Canada Government Bonds，CGB）

同样,10 年期加拿大政府债券收益率与同期其他国家债券或美国国库券收益率的利差,也会影响加元和其他国家货币的汇率。

加拿大的主要贸易对象:

加拿大的主要出口对象:美国、欧元区、日本。

加拿大的主要进口对象:美国、中国、墨西哥。

### 7.7.6　澳元/美元

#### 1）澳元的特性

澳元是典型的商品货币,澳大利亚在煤炭、铁矿石、铜、铝、羊毛等工业品和棉纺织品的国际贸易中占绝对优势,因此这些商品价格的上涨,对于澳元的上涨有很大的推动作用。另外,尽管大洋洲不是黄金的重要生产国和出口国,但是澳元和黄金价格正相关的特征比较明显;而石油价格的升跌也会在很大程度上影响澳元的走势。同时,澳元是高息货币,美国利率前景和国债收益率的变动对其影响较大。

2）澳元的影响因素

（1）澳大利亚储备银行的影响

根据 1959 年的储备银行法案，澳大利亚储备银行获得了澳大利亚中央银行的地位。储备银行的主要任务是保持澳元的汇率稳定和保证充分就业。1993 年，澳大利亚储备银行获得了独立运转的权力，同时储备银行的工作目标也确定下来，即将中期通胀年增长率的目标控制在 2%～3% 的水平。设立中期而不是短期通胀目标的原因在于要鼓励健康的和可持续的经济增长。

（2）储备银行委员会的影响

储备银行委员会负责制定货币政策。除了每年的 1 月份，委员会每个月的第一个星期二都要召开货币政策会议，利率决策结果一般在会议的第二天公布。委员会由 9 名成员组成，包括储备银行行长、副行长、财政部秘书长和其他 6 名由财政大臣任命的外部成员。行长和副行长的任期最长为 7 年，可以连任，6 名外部成员的任期最多为 5 年。

（3）利率

储备银行最重要的货币政策工具就是隔夜货币市场利率，或称作现金利率目标，现金利率是两家金融机构间的隔夜贷款利率。

（4）财政大臣的影响

虽然澳大利亚储备银行在 1993 年获得了独立运转的权力并且制定了通胀目标，但是储备银行的行长和副行长还需要由财政大臣来任命。

（5）与商品价格的联系

由于澳大利亚盛产矿产，因此澳元与贵金属及工业金属走势成正相关，尤其与铜的走势尤为密切。

（6）与其他经济体的联系

澳大利亚与日本经济（日本吸收了澳大利亚 20% 的出口）和欧元区经济的紧密联系，又可以解释为什么澳元会跟随欧元和日元的走势。例如，在外汇市场中，澳元兑美元的汇率与美元兑日元的汇率之间的反相关关系就比较容易识别。

澳大利亚的主要贸易对象：

澳大利亚的主要出口对象：日本、美国、中国。

澳大利亚的主要进口对象：美国、日本、中国。

## 案例分析

### 汇率涨跌史成为国际政治经济发展史的缩影

外汇交易中政治因素的具体表现形式有大选、战争、政变、边界冲突、恐怖事件等。如英国 1992 年大选、美伊战争。

#### 1. 英国 1992 年大选

1992 年英国大选之前，保守党候选人梅杰在民意测验中一直落后于工党候选人尼尔·金诺克。英国工党在 20 世纪 80 年代以前执政时曾坚持实行国有化政策，导致资本外流。

保守党撒切尔夫人在 1979 年上任后,花了近 10 年的时间推行私有化政策,而梅杰上任后也将继续执行这一政策。因此,如果金诺克在大选中获胜,就可能意味着英国政府政策的改变,人们担心英国有可能回到国有化政策推行的年代。

英国金融市场从 3 月就出现了两种现象:一是资本开始逐渐外流;二是英镑汇率逐步下跌。以英镑兑马克为例,从 2 月底的 2.96 逐步跌至 4 月 6 日的 2.83。在大选前两天,由于有梅杰在民意测验中的结果已接近金诺克传闻,外汇市场就开始买英镑抛马克;在大选这一天,金诺克的选票和民意测验结果在一开始仍然领先于梅杰,外汇市场又大幅度地抛英镑,但没过多久,梅杰的选票就开始节节上升,英镑兑马克的汇率从 2.847 7 猛涨到 2.905 3,波幅为 2%,达 600 点。

### 2. "沙漠风暴"行动

美国进攻伊拉克是 1991 年 1 月 17 日,在这以前的一个月内,外汇市场围绕美国究竟是否会采取军事行动的猜测大起大落。每当美国政府要员发表态度强硬的讲话,表示要采取军事行动,美元就会在一天内大涨一波;而有西欧国家出面调解的传闻,似乎和平解决可望实现时,美元就会下跌一次。在战争爆发这一天,美元一开始也是猛涨,英镑兑美元的汇率跌到 1.899 0,但没隔多久,新闻界传来美国已很快控制局势,稳操胜券时,市场便开始抛售美元,英镑兑美元涨到 1.935 3,以后一个月内便一路上涨。

"沙漠风暴"计划典型地反映出美元和黄金作为资金的"避风港"作用,世界局势的动荡不安会使美元和黄金大涨。另外,外汇市场是根据人们产生的心理和期待去寻找价格。只有在事实被人们接受后,市场价格才会猛然回到原来趋势上去。

# 本章小结

1. 外汇交易的基本分析就是基于对宏观基本因素的状况、发生的变化及其对汇率走势造成的影响加以研究,得出货币间供求关系的结论,以判断汇率走势的分析方法。

2. 基本经济因素一方面会通过国家经济政策和货币政策影响货币走势,而另一方面也会通过市场投资信心和心理影响货币走势。

3. 一般来说,中央银行在外汇市场的价格出现异常大的或是朝同一方向连续几天剧烈波动时,往往会直接介入市场,通过商业银行进行外汇买卖,以试图缓解外汇市场的剧烈波动。中央银行干预外汇市场的手段有口头干预、直接入市干预、调整汇率政策和货币政策的干预以及对资本流动实行外汇管制。

4. 政治和新闻因素是指社会政治生活中发生的一系列出乎意料的事件。影响外汇交易行情的政治和新闻因素包括政权的更替、选举、战争、重大政策的改变等。

5. 市场预期心理是指市场上多数人在某一特定时间、特定形式下,对某种汇率走势的看法,它是在一定时间内慢慢酝酿而形成的。投机因素是影响外汇汇率走势的重要因素,根据国际清算银行的统计数据,全球外汇交易额中有 90% 的交易是投机性交易。

# 关键概念

外汇交易基本分析　基本经济因素分析　中央银行干预　消毒干预　不消毒干预　政治因素　新闻因素　市场心理因素　投机因素

# 本章思考题

## 一、单项选择题

1. 一般来说,高经济增长率会推动本国货币汇率的(　　)。

  A. 上升　　　　　　　　B. 下跌　　　　　　　　C. 不变　　　　　　　　D. 不确定

2. 一般来说,低利率政策会推动本币汇率的(　　)。

  A. 不变　　　　　　　　B. 看跌　　　　　　　　C. 看涨　　　　　　　　D. 不确定

3. 如果一国国民经济出现增长,出口不变,属于内需型增长,那么本币汇率(　　)。

  A. 看涨　　　　　　　　B. 看跌　　　　　　　　C. 不变　　　　　　　　D. 不确定

4. 当一国的通货膨胀率低于另一国时,该国货币实际代表的价值相对另一国(　　),则该国货币汇率就会(　　)。

  A. 增加　　　　　　　　B. 减少　　　　　　　　C. 上升　　　　　　　　D. 下跌

5. 当一国货币持续、大幅度下跌时,该国中央银行就抛(　　)、购(　　)。

  A. 外币　本币　　　　B. 本币　外币　　　　C. 外币　外币　　　　D. 本币　本币

6. 当一国货币汇率一直坚挺,本国中央银行便抛(　　)、购(　　)。

  A. 外币　本币　　　　B. 本币　外币　　　　C. 外币　外币　　　　D. 本币　本币

## 二、简述题

1. 简要说明基本因素分析的具体方法。

2. 影响汇率的基本经济因素有哪些?

3. 具体分析经济增长率对汇率的影响。

4. 简要说明中央银行干预外汇市场的手段。

5. 中央银行如何进行"不改变现有货币政策的干预"和"改变现有货币政策的干预"?

6. 市场预期心理对汇率走势的作用机制是怎样的?

7. 试述影响汇率的基本经济因素。

8. 结合我国实际,分析我国人民币升值的原因及升值后对我国经济的影响。

# 第8章 外汇交易的技术分析

## 8.1 外汇技术分析的概念

技术分析是指以预测外汇价格未来走势为目的,以图表形态、技术指标等为手段,对市场展开包括归纳、分析、排除、确认、比较、决策、验证等一系列的思维和研究。

技术分析的基本观点是:所有汇价的实际供需量及其背后起引导作用的种种因素,包括外汇市场上每个人对未来的希望、担心、恐惧、猜测等,都集中反映在外汇的价格和交易量上,因而研究它们是最直接有效的。

技术分析是相对于基本面分析而言的。基本面分析法着重于对政局政策、经济情况、市场动态等因素进行分析,以此来研究外汇的价格是否合理;而技术分析则是通过图表或技术指标的记录,研究市场过去及现在的行为反应,以推测未来价格的变动趋势,其依据的技术指标是由汇价涨跌或成交量等数据计算而出的。技术分析只关心外汇市场本身的变化,而不考虑会对其产生某种影响的经济、政治等各种外部因素。

基本面分析的目的是为了判断汇价现行的价位是否合理并描绘出它长远的发展空间,而技术分析主要是预测短期内汇价涨跌的趋势。通过基本面分析我们可以了解应购买何种外汇,而技术分析则让我们把握具体购买的时机。在时间上,技术分析法注重短期分析,在预测旧趋势结束和新趋势开始方面优于基本面分析法,但在预测较长期趋势方面则不如基本面分析法。

外汇技术分析和基本面分析都认为汇价是由供求关系所决定,但是基本面分析主要是根据对影响供需关系种种因素的分析来预测汇价走势,而技术分析则是根据汇价本身的变化来预测汇价走势;基本面分析研究市场运动的原因,而技术分析研究市场运动的效果。但是人们更关心的是如何预测汇价的未来趋势以及买卖汇价的适当时机,因而对技术分析情有独钟。

技术分析是建立在3种假设基础之上的。

### 1)市场行为包容消化一切

技术分析者认为,能够影响外汇市场的任何因素,包括政治、政策、市场动态、投机心理等都反映在其价格变化之中,而且在人们还不知道原因之前就开始变化。由此推论,交易者必须做的事情就是研究价格的变化。

这个前提的实质含义就是价格变化必定反映供求关系。如果需求大于供给,价格必然上涨;如果供给大于需求,价格必然下跌。供求规律是所有经济预测方法的出发点,如果反过来看,只要价格上涨,需求一定超过了供给,从经济基础上来说必定看好;如果价格下跌,供给一定超过了需求,那么从经济基础上来说必定看淡。

归根结底,技术分析者不过是通过价格的变化间接地在研究外汇基本面。但技术分析中的图表本身并不能导致市场的升跌,只是简明地显示了市场上现行的乐观或悲观心态。或者说,技术分析师只不过是通过研究价格图表及辅助的技术指标,让市场自己揭示它最可能的走势,而并不是分析师凭他的精明征服了市场。

### 2)价格以趋势方式演变

趋势概念是技术分析的核心。研究价格图表的全部意义,就是要在一个趋势发生发展的早期,及时准确地把它揭示出来,从而达到顺着趋势交易的目的。事实上,技术分析在本质上就是顺应趋势,以判定和追随既成趋势为目的。

从"价格以趋势方式演变"可以自然地推断,对于一个既成的趋势来说,下一步常常是沿着现存趋势方向继续演变,掉头反向的可能性要小得多。即当前趋势将一直持续到掉头反向为止,这当然也是牛顿惯性定律的应用。

### 3)历史会重演

技术分析和市场行为学、人类心理学有着千丝万缕的联系。比如价格形态,它们通过一些特定的价格图表形状表现出来,而这些图形表示了人们对某市场看好或看淡的心理。这些图形在过去的几百年里早已广为人知了,既然它们在过去很管用,就不妨认为它们在未来同样有效,因为它们是以人类心理为根据的,而人类心理从来就是"江山易改本性难移"。

"历史会重演"同时也意味着:打开未来之门的钥匙隐藏在历史里,或者说将来是过去的翻版,这和自然、社会、政治何其相似。

# 8.2　外汇技术分析的优缺点

技术分析法包括图表分析法和指标分析法等,其优点如下。

(1)简单性

一张价格走势图把各种变量之间的关系及其相互作用的结果清晰地表现出来,把复杂的因果关系变成简单的价格历史地图。以图看势,就很容易把握其变化的趋势。且利用计算机制图、示图、读图十分方便,把各种图表程序编成软件,只要按照程序输入数据,图形就马上可见。

(2)客观性

基本面分析的材料和数据虽然是客观的,但预测者在进行价格走势分析时往往带有个人的感情色彩,例如,做了多头就会考虑一些利市的因素,甚至把一些不利因素也当作有利因素。而技术分析则不同,不管图表出现的是买入信号还是卖出信号,都是客观的,不以交易者的意志为转移。

（3）明确性

在图表上往往会出现一些较为明显的双底形态、头肩顶形态等,它们的出现,表明外汇走势可能在此转势,提示交易者应该做好交易的准备;同样,一些主要的支撑位或均线位被突破,往往也意味着巨大的机会或风险的来临。这些就是技术分析的明确性,但明确性不等于准确性。

（4）灵活性

技术分析可以适用于任何交易媒介和任何时间尺度,不管是做外汇还是股票、期货等交易,不管是分析上百年的走势还是几个小时的走势,其基本技术分析原理都是相同的。只用调出任何一个交易产品的走势图,就可以获取有关价格的信息并进行预测。

技术分析法的缺点如下。

①对于长期走势无效

技术分析只是分析外汇短期走势的价格变化,决定汇价长期走势的还是国家政局政策、经济运行环境、资本市场动态等因素,单纯运用技术分析法来准确预测长期价格走势较为困难。

②买卖信号的不确定

在技术分析中,买卖信号的出现与最高价或最低价之间往往有段距离,甚至会出现反向走势,这种买卖信号的不确定性,往往使交易者不敢贸然行事,否则就可能作出错误的决策。

③价位和时间不确定

技术分析只是预测将来一段时期内总的价格走势,不可能指示出该时期内的最高价和最低价在何处,更不可能指示出每一次上升或下跌的持续时间。

总体来说,技术分析再好也是客观事物,其主宰者还是人。如果不懂心理控制、资金管理、投资技巧、市场特性等,单存依靠技术分析只能是一条腿走路。由于技术分析的理论基础是人们的心理预期所形成的约定俗成的规则,而这种规则是可以不断变化的,具有诸多的变异性,所以在一个不可确定的交易市场中,保持正确的操作理念和良好的操作心态比技术分析更为重要。

# 8.3　外汇 K 线技术分析

外汇技术分析是根据历史上的外汇走势图形,来分析和预测汇价未来走势的方法。以反映外汇行情的各种图表来说,它们分别记录并表示各种外汇的历史价格在一段时间内明显地呈现一种向上、向下或者平移的走势。外汇走势图形忠实地记录了每一个币种每时每刻的变化,反映了以往汇率变化的历史过程,是外汇交易技术分析的客观基础。

### 8.3.1　K线图概述

K线图是用来记录交易市场行情价格的,因其形状如同两端有蕊芯的蜡烛,故而在西方称为蜡烛图。蜡烛图来源于日本,在日本称为"罫线","罫"发音为"kei",于是西方人以其英文第一个字母"K"直译为"K线",K线由此发展而来(中国人习惯称之为阴阳线)。

K线图产生于日本德川幕府时代的1710年以后。当时,日本大阪的堂岛大米会所开始经营世界最早的期货合约,K线图就是为记录大米每天涨跌的价格而发明的(早期为条形图和锚形图)。

K线图实际上为考察当前市场心理提供了一种可视化的分析方法,它简洁而直观,虽不具备严格的逻辑推理性,但是却有相当可信的统计意义。它真实、完整地记录了市场价格的变化,反映了价格的变化轨迹。比之西方的线性图,K线图要早100年左右,且其信号更丰富、更直观、更灵活、更提前。经过近300年的演化,特别是经过西方社会近20年的推广,K线图技术被广泛应用于全世界的外汇市场、证券市场、期货市场等领域,成为技术分析中的最基本的方法之一。

### 8.3.2　K线图的画法

K线图源于日本,被当时日本米市的商人用来记录米市的行情与价格波动,后因其细腻独到的标画方式而被引入外汇市场及期货市场。由于用这种方法绘制出来的图表形状颇似一根根蜡烛,加上这些蜡烛有黑白之分,因而也叫阴阳线图表。通过K线图,能够把每日或某一周期的市况表现完全记录下来。

价格经过一段时间的盘档后,在图上即形成一种特殊区域或形态,不同的形态显示出不同意义。可以从这些形态的变化中摸索出一些有规律的东西出来。K线图形态可分为反转形态、整理形态及缺口和趋向线等,下面介绍K线图画法。

日K线是根据汇率(指数)一天的走势中形成的4个价位,即开盘价、收盘价、最高价、最低价绘制而成的。收盘价高于开盘价时,则开盘价在下、收盘价在上,两者之间的长方柱用红色或空心绘出,称为阳线;其上影线的最高点为最高价,下影线的最低点为最低价。收盘价低于开盘价时,则开盘价在上、收盘价在下,两者之间的长方柱用黑色或实心绘出,称为阴线,其上影线的最高点为最高价,下影线的最低点为最低价,如图8-1所示。

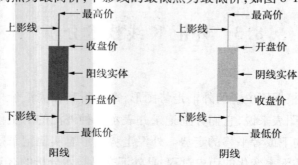

图8-1　阴阳线

　　根据 K 线的计算周期,可将其分为日 K 线、周 K 线、月 K 线、年 K 线。周 K 线是指以周一的开盘价、周五的收盘价、全周最高价和全周最低价来画的 K 线图。月 K 线则是以一个月的第一个交易日的开盘价,最后一个交易日的收盘价和全月最高价与全月最低价来画的 K 线图,同理可以推得年 K 线定义。周 K 线、月 K 线常用于研判中期行情。对于短线操作者来说,众多分析软件提供的 5 分钟 K 线、15 分钟 K 线、30 分钟 K 线和 60 分钟 K 线也具有重要的参考价值。

### 8.3.3　基本 K 线图形

　　基本 K 线图形如图 8-2 所示。

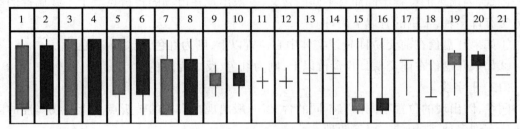

图 8-2　基本 K 线图形

　　(1)大阳线

　　大阳线表示较为强烈的买势,在涨势的初期,具有极其重要的指导意义。但是,在长势的后期,往往表示为最后的冲刺。

　　(2)大阴线

　　大阴线表示较为强烈的卖势,在跌势的初期,具有极其重要的指导意义。但是,在跌势的后期,也会有另一种趋势。

　　(3)全秃大阳线

　　全秃大阳线表示极端强势。

　　(4)全秃大阴线

　　全秃大阴线表示极端弱势。

　　(5)光头阳线

　　光头阳线为高价位强势线。

　　(6)光头阴线

　　光头阴线为低价位弱势线,但在低价位上遇到买方的支撑,后市可能会反弹。实体部分与下影线的长短不同也可分为 3 种情况。

　　①实体部分比影线长,卖方占优势。

　　②实体部分与影线同长,卖方仍占优势。

　　③实体部分比影线短,卖方仍占极少的优势。但是,后市很可能买方会全力反攻,把小黑实体全部吃掉。

（7）光脚阳线

光脚阳线为高价位强势线。

（8）光脚阴线

光脚阴线为低价位弱势线。

（9）小棋子

小阳线，变化方向不确定。

（10）小棋子

小阴线，变化方向不确定。

（11）十字线

阳线，因出现的位置不同而有不同的含义，一般出现在市场的转折点。十字线属性的区别方法有许多种，常用的有以下两种。

①如果开盘价在前交易日K线实体中心位置以上，则为红色，反之为黑色。

②如果开盘价在前交易日收盘价以上，则为红色，反之为黑色。

（12）十字线

阴线，因出现的位置不同而有不同的含义，一般出现在市场的转折点。十字线属性的区别方法有许多种，常用的有以下两种。

①如果开盘价在前交易日K线实体中心位置以下，则为黑色。

②如果开盘价在前交易日收盘价以下，则为黑色。

（13）长十字阳线

阳线，同十字线，但是作用更为强烈。

（14）长十字阴线

阴线，同十字线，但是作用更为强烈。

（15）射击之星

阳线，实体比较短小，上影线较长。通常出现在顶部，准确性较高，属必杀之态势。出现在底部一般不叫射击之星。

（16）倒锤头

阴线，实体比较短小，上影线较长。样子像射击之星，通常出现在底部。

（17）风筝

高高地飘在天空，一旦断线，便摇摇欲坠。如在低价区，不叫风筝，一般称作多胜线，局势对多头有利。

（18）灵位

战斗结束，祭奠阵亡的将士，开始新的战斗。但是，如在高价区，不叫灵位，一般称作空胜线，局势对空头有利。

（19）锤头

阳线，出现在底部叫锤头。此线一出，只怕是这一锤子也就砸到底了。

（20）吊颈

阴线，出现在顶部叫吊颈。见到这种线形，要是还敢买进，滋味怕是和上吊差不多。

（21）一字线

此形较不常见，即开盘价、收盘价、最高价、最低价在同一价位。常出现于涨（跌）停板处，以及交易非常冷清的冷门品种。

图8-3揭示了多空双方力量对比强弱的变化。

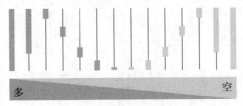

图8-3 K线图形对比

## 8.3.4 K线组合形态图解

（1）T型线（蜻蜓）

图8-4 T型线

应用法则：底部看涨，顶部看跌的变盘线。

（2）V型反转

图8-5 V型反转

应用法则：底部见底，反转上升。

（3）长上影线

图8-6 长上影线

应用法则：

①长上影线出现在上升趋势的高位,若成交量放大,则意味着多头追高积极,但高位抛压沉重,汇率向上攀越艰难,行情很可能掉头回档或反转。

②长上影线出现在下降趋势的低位,若成交量放大,则意味着多头抄底盘介入,但不能有效遏制抛压,多空双方已逐渐转向势均力敌。

（4）长十字线

图8-7　长十字线

应用法则：

①十字线可能构成重要的警告信号。原趋势停顿或反转。

②只有在一个市场不经常出现十字线的条件下,十字线才具有重要意义。

③如果具有很长的上影线,或者具有很长的下影线则更加意味着市场犹豫不决,较普通的十字线更具有预示着原趋势停顿或反转的研判意义。底部见底,反转上升。

（5）长下影线

图8-8　长下影线

应用法则：

①长下影线出现在上升趋势的高位,若成交量放大,则意味着抛压加重,承接踊跃,但有多头力竭之感。

②长下影线出现在下降趋势的低位,若成交量放大,则意味着有恐慌性筹码抛出,但低位接盘踊跃,有大量多头抄底盘介入。

（6）出水芙蓉

图8-9　出水芙蓉

应用法则：一根大的阳线上穿三条均线，改变均线为多头排列，后势看涨。

（7）大阳线

图 8-10　大阳线

应用法则：

①大阳线在上升行情中出现，则意味着行情剧烈地向上攀升。

②大阳线在下跌行情中出现，则意味着行情剧烈地向上反弹。

（8）大阴线

图 8-11　大阴线

应用法则：

①大阴线在上升行情中出现，则意味着行情深幅地向下回挡。

②大阴线在下跌行情中出现，则意味着行情加速地向下惨跌。

（9）倒 V 型反转

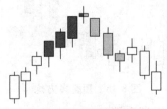

图 8-12　倒 V 型反转

应用法则：反转形态，后势看跌。

（10）倒锤子

图 8-13　倒锤子

应用法则:如果倒锤子线出现在下降趋势之后,则构成一个看涨的K线图形态,这一点与普通的锤子线如出一辙。在分析倒锤子线时,有一点非常重要:当倒锤子线出现后,必须等待下一个时间单位的看涨信号对它加以验证。倒锤子线的验证信号可能采取下面这样的形式:倒锤子线次日的开市价向上跳空,超过了倒锤子线的实体。向上跳空的距离越大,验证信号就越强烈。还可能采取另外一种形式:倒锤子线次日是一根白色K线,并且它的价格均处在较高的水平,则完成了看涨的验证信号。

(11)吊颈线

图8-14　吊颈线

应用法则:

①如果吊颈线出现在上升趋势之后,则构成一个看跌的K线图形态。

②在分析吊颈线时,有一点非常重要:当吊颈线出现后,必须等待下一个时间单位的看跌信号对它加以验证。吊颈线的验证信号可能采取下面这样的形式:吊颈线次日的开市价向下跳空缺口越大,验证信号就越强烈。

③还可能采取另外一种形式:吊颈线次日是一根黑色K线,并且它的收盘价格低于上吊线的实体,则完成了看跌的验证信号。

(12)重叠多方炮

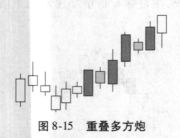

图8-15　重叠多方炮

应用法则:重叠多方炮,后势极端看涨。

(13)重叠空方炮

图8-16　重叠空方炮

应用法则:空方炮的重复,短期下跌走势的可能性极大。

（14）顶部十字架

图 8-17　顶部十字架

应用法则：短期见顶，后势看跌。

（15）东方红大阳升

图 8-18　东方红大阳升

应用法则：连续拉阳线，如果配合均线金叉，后势将看涨。

（16）断头铡刀

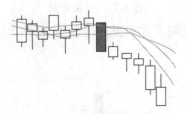

图 8-19　断头铡刀

应用法则：1 根大阴线切断了 3 根均线，改变了均线的排列为空头排列，后势看空。

（17）多方炮

图 8-20　多方炮

应用法则：多方强势，短期看涨。

（18）曙光初现（反击线）

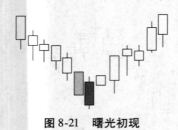

图 8-21　曙光初现

应用法则：

①反击线形态出现于一轮由缓跌到急跌的下降趋势中,行情将演化为 V 型反转或止跌横盘趋势。

②反击线形态根据其后一个阳线切入阴线实体的深入程度不同而决定其反击力度的大小。即阳线切入阴线实体的深度越大,则行情将演化为反转或止跌横盘趋势的可能性越高。

（19）光头阳线

图 8-22　光头阳线

应用法则：光头阳线形态说明多方积极上攻态势,具体力度的大小要根据阳线实体的大小来定。

（20）光头阴线

图 8-23　光头阴线

应用法则：光头阴线形态说明空方抛压的坚决势态,具体力度的大小要根据阴线实体的大小来定。

（21）黄昏十字星

图 8-24　黄昏十字星

应用法则：

①黄昏十字星的判断法则与黄昏之星相同。

②黄昏十字星比黄昏之星更具有趋势停顿或反转的研判意义。

（22）黄昏之星

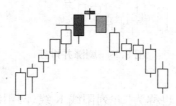

图8-25　黄昏之星

应用法则：本形态的关键之处在于第3天的黑色实体向下穿入第1天的白色实体的深浅程度。

下面列举了一些参考性因素，如果黄昏星形态具有这样的特征，则有助于增加它们构成反转信号的可能性。这些因素包括以下3点。

①如果在第1根K线的实体与星线的实体之间存在价格跳空，并且在星线的实体与第3根K线的实体之间也存在价格跳空；

②如果第3根K线的收市价深深地向下扎入第1根K线的实体之内（一般应大于50%）；

③如果第1根K线的交易量较轻，而第3根K线的交易量较重。

（23）金蜘蛛

图8-26　金蜘蛛

应用法则：长、中、短期的均线金叉，后势看多。

（24）九阴白骨爪

图8-27　九阴白骨爪

应用法则：连续的阴线和均线死叉一同出现，预示着后期的走势凶多吉少。

（25）剧涨并排红

图8-28　剧涨并排红

应用法则：

①剧涨并排红（并列阳线），也称为"并列阳线K线、两阳线跳空平底"。

②本形态是由两根相邻的阳线K线组成的，它们具有相同的开市价。它们的实体也具有几乎相同的高度。

③在上升趋势中，如果出现了一组向上跳空的并列阳线，则构成了一个看涨的持续形态。

（26）均价金叉

图8-29　均价金叉

应用法则：均价金叉，后势看涨。

（27）均价死叉

图8-30　均价死叉

应用法则：表明后势看跌。

（28）看跌捉腰带线

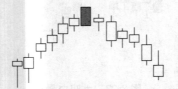

图8-31　看跌捉腰带线

应用法则：

①看跌捉腰带线又名"尖兵线"或"试盘线",预示行情看跌。

②在上升趋势中的看跌捉腰带线,表明行情将停滞或反转。

③在盘档中的看跌捉腰带线,以试盘线居多,多头尖兵线的出现意味着行情向上突破盘整失败,抛压太重,趋势以继续横盘居多。

④在下降趋势中的看跌捉腰带线,表明多头反弹微弱,空头抛压力量强大,行情将继续下跌。

（29）看跌吞没形态

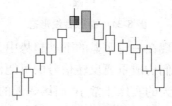

图 8-32　看跌吞没形态

应用法则:看跌吞没形态出现在一轮明显的上升趋势中,如果吞没形态具有下面列出的一些参考性要素和特征,那么它们构成重要反转信号的可能性将大大地增强。

①在看跌吞没形态中,第 1 天的实体非常小,而第 2 天的实体非常大。这种情况可能说明原有趋势的驱动力正在消退,而新趋势的潜在力量正在壮大。

②看跌吞没形态出现在超长期的或非常急剧的市场运动之后。如果存在超长期的上升趋势,则增加了以下这种可能性:潜在的买家已经入市买进,持有多头。在这种情况下,市场可能缺少足够的新的多头头寸的供应,无力继续推动市场上升。如果存在非常急剧的市场运动,则市场可能已经朝一个方向走得太远,容易遭受获利盘空头的抛盘打击。

③在看跌吞没形态中,第 2 个实体伴有超额的交易量。这种情形可能属于巨量出货爆跌现象。

④在看跌吞没形态中,第 2 天的实体向前吞没的实体不止 1 个。

（30）看涨捉腰带线

图 8-33　看涨捉腰带线

应用法则:

①看涨捉腰带线又名"尖兵线"或"试盘线",预示行情看涨。

②在上升趋势中的看涨捉腰带线,表明行情将继续上涨。

③在盘档中的看涨捉腰带线,以试盘线居多,多头尖兵线的出现将意味着行情向上突破盘整上涨。

④在下降趋势中的看涨捉腰带线,极易构成一根当日反转 K 线,但趋势的反转有待于下一根 K 线的收盘价高于看涨捉腰带线的最高价的验证。

(31)看涨吞没形态

图 8-34　看涨吞没形态

应用法则:看涨吞没形态出现在一轮明显的下跌趋势中,如果吞没形态具有下面列出的一些参考性要素和特征,那么它们构成重要反转信号的可能性将大大地增强。

①在看涨吞没形态中,第 1 天的实体非常小,而第 2 天的实体非常大。这种情况可能说明原有趋势的驱动力正在消退,而新趋势的潜在力量正在壮大。

②看涨吞没形态出现在超长期的或非常急剧的市场运动之后。如果存在超长期的下降趋势,则增加了以下这种可能性:最后的空头已接近抛出,汇率无力下行,只要有多头入市买进,这种情况下,市场可能缺少足够的新的空头头寸的供应,无力继续打压汇率下行。如果存在非常急剧的市场运动,则市场可能已经朝一个方向走得太远,容易遭受到抄底多头将汇率迅速拉抬推高。

③在看涨吞没形态中,第 2 个实体伴有超额的交易量。这种情形可能属于巨量买入爆胀现象。

④在看涨吞没形态中,第 2 天的实体向前吞没的实体不止 1 个。

(32)空方炮

图 8-35　空方炮

应用法则:空方炮后一般是空方力量的爆发式的出现,短期下跌的可能性极大,又称空方开炮。

(33)两阳夹一阴

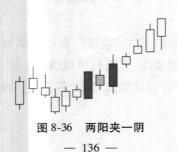

图 8-36　两阳夹一阴

应用法则:意义同多方炮,短线看涨。

(34)两阴夹一阳

**图 8-37　两阴夹一阳**

应用法则:意义如同空方炮,后势看空。

(35)末路红三兵

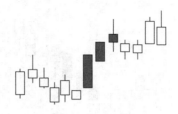

**图 8-38　末路红三兵**

应用法则:虽然末路红三兵形态在一般情况下不属于顶部反转形态,但是有时候,它也能引出不容忽视的下跌行情。特别是若末路红三兵形态出现在一段上升行情的后期,当紧接着出现一个巨大的阴线时,很容易构成乌云盖顶 K 线形态、被线形态,或黄昏之星形态,从而变成了典型的反转看跌的 K 线组合形态。故当末路红三兵形态出现时,应谨慎从事,静观其变,不应贸然追高。

(36)平底(镊子线)

**图 8-39　平底**

应用法则:

①平底形态出现于一轮短暂的下降趋势中,两根 K 线有相同的最低价,意味着行情探低见底,汇率将反转上升。

②平底形态反转上升的力度较小。

（37）平顶（镊子线）

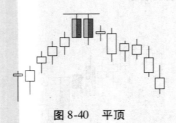

图8-40　平顶

应用法则：

①平顶形态出现于一轮短暂的上升趋势中，两根K线有相同的最高价，意味行情摸高见顶，汇率行将反转。

②平顶形态反转下跌的力度较小。

（38）前进红三兵

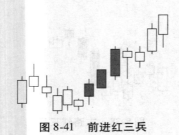

图8-41　前进红三兵

应用法则：

①上升持续形态的前进红三兵形态出现在长期盘整形态的后期，且处于一段时间行情的相对低价区域，则行情将脱离盘档区域，在大成交量的配合下，走出一段持续上升的行情。

②前进红三兵形态出现在一段上升的行情，经过盘档区域整理后时，则行情将脱离盘档区域，在大成交量的配合下，走出一段新的持续上升的行情。

③若前进红三兵形态出现在一段上升行情的后期，即处于一段时间行情的相对高价区域（如：曾出现过突破缺口、中继缺口、竭尽缺口等特征），则该形态不再具有上升持续形态的研判意义。

（39）三十字线

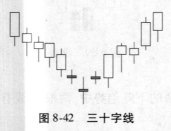

图8-42　三十字线

应用法则：短期变盘在即，或原来的趋势将停止。

（40）三只乌鸦

图8-43　三只乌鸦

应用法则：在扬升的走势中，第1个大阳线显示多头上攻力量强大，然而，第2、第3、第4日连续的阴线与前日形成3只乌鸦形态，表示行情开始疲软，并且将逐渐更趋加速下降。

（41）上升三法

图8-44　上升三法

应用法则：

①我们可以作这样的理解：由于这群较小的K线均处于第1天的价格范围之内，它们与最前面的长阳线一道，构成了一种类似于3日孕线形态的价格形态（在本形态中，所谓处于最前面的K线的价格范围之内，指的是这群小K线均处于该K线的上下影线的范围之内；而在真正的孕线形态中，仅仅是小K线的实体包含在前面那根线的实体之内）。小K线既可以是白色的，也可以是黑色的，不过，黑色K线最常见。连续数个阴线都无法将汇率推到第1根K线的开盘价之下，而后的一个大阳线与前数个小K线形成包抱线，意味着行情的涨势开始。

②在三法形态中，下面这项因素可能加强其预测意义：如果头、尾两根白色K线的交易量超过了中间那群小K线的交易量，那么，该形态的分量就更重了。

（42）上跳空缺口

图8-45　上跳空缺口

应用法则：

①突破缺口：汇率突破长期盘整，产生向上跳空缺口，则预示着一轮上涨行情开始。

②中继缺口：又名"测量缺口"，标志着上涨行情走到了中间途中。

③竭尽缺口：意味着行情日薄西山，很可能是向高价圈的最后冲刺。

（43）上涨分离线

图 8-46　上涨分离线

应用法则：

①分离线形态按市场的当前上升趋势仍将继续，第 1 个实体的阴线颜色说明了多方目前处于持续状态。第 2 根 K 线是阳线的，但最低价开市价只到昨日的开市价，表明强势未改。

②分离线形态出现前必须有一段明显的上升趋势，无论这段上升趋势是长或短，在此之后出现该形态才较为有效。

③分离线形态如果出现在前期的形态支撑位附近，则其企稳或反转的可能性产生。

④如果分离线形态的 K 线越长，则处于持续状态的可靠性进一步增强，对行情的研判更具意义。

（44）上涨会合线

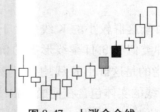

图 8-47　上涨会合线

应用法则：

①会合线形态表示市场的当前上升趋势仍将继续，第 1 个实体的阳线颜色说明了多方目前处于持续状态。第 2 根 K 线是阴线，但最低价只收到昨日的收盘价，表明强势未改。

②会合线形态出现前必须有一段明显的上升趋势，无论这段下降趋势是长或短，在此之后出现该形态才较为有效。

③会合线形态如果出现在前期的形态支撑位附近，则其上升的可能性将加强。

④如果会合线形态的 K 线越长，则处于持续状态的可靠性进一步增强，对行情的研判更具意义。

（45）射击之星（流星）

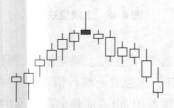

图 8-48　射击之星

应用法则：

①射击之星形态出现在短期的上升趋势中，它发出警告信号，表明市场顶部就在眼前。本形态的技术意义不如黄昏星形态强，通常不构成主要反转信号。但常和其他 K 线组合构成更有研判意义的形态。

②如果在射击之星形态出现时，带有巨大成交量，则因短期多头资金短缺，空头将大量筹码抛出，汇率先扬后抑，完成了一个由多转空的心理过程，故行情可能短期见顶而走疲。

（46）十字线

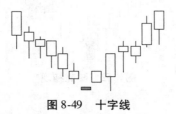

图 8-49 十字线

应用法则：

①十字线可能构成重要的警告信号。原趋势停顿或反转。

②只有在一个市场不经常出现十字线的条件下，十字线才具有重要意义。

（47）十字孕线

图 8-50 十字孕线

应用法则：

①十字孕线形态所蕴含的技术意义，比普通的孕线形态重要得多。一般的孕线形态并不属于主要反转形态，但是，十字孕线形态恰恰是一种主要反转形态。

②十字孕线形态常可能引发底部过程，不过，当这类形态出现在市场顶部时比在底部更有效力。

（48）石塔线（墓碑）

图 8-51 石塔线

应用法则：

①墓碑十字线最突出的长处在于昭示市场顶部，即在市场顶部的墓碑十字线比在市场

底部的墓碑十字线的意义更重要。

②位于上涨行情之后的墓碑十字线具有疲软的意义:当日汇率剧烈地向上攻击,表明多头力量强大;然而好景不长,空头立即还以颜色,当日就把汇率在收盘时打回到今天的开盘价为止,多空双方不再拉升或抛售,暂时处于一种平衡和休战状态。

(49)曙光初现(反击线)

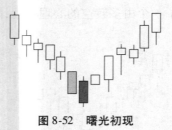

图 8-52　曙光初现

应用法则:

①反击线形态出现于一轮由缓跌到急跌的下降趋势中,行情将演化为 V 型反转或止跌横盘趋势。

②反击线形态根据其后一个阳线切入阴线实体的深入程度不同而决定其反击力度的大小。即阳线切入阴线实体的深度越大,则行情将演化为反转或止跌横盘趋势的可能性越高。

(50)双飞乌鸦

图 8-53　双飞乌鸦

应用法则:在扬升的走势中,第 1 个大阳线显示多头全力攀升模样,第 2 个小阴线虽跳空高开,但上涨乏力,反而以小阴线收盘,第 3 日重复此种走势,强化并证实行情仍居高不下,表明多头竭尽全力奋战,渴望行情再度呈现多头天下的局面,而此阴线与前日形成两只乌鸦的形态,表示行情开始疲软。

(51)思量红三兵

图 8-54　思量红三兵

应用法则:

①虽然思量红三兵形态在一般情况下不属于顶部反转形态,但是有时候,它也能引出不

容忽视的下跌行情。特别是若思量红三兵形态出现在一段上升行情的后期,当紧接着出现一个巨大的阴线时,很容易构成乌云盖顶K线形态、被线形态,或黄昏之星形态,从而变成了典型的反转看跌的K线组合形态。故当思量红三兵形态出现时,应谨慎从事,静观其变,不应贸然追高。

②请记住,在通常情况下,思量红三兵形态并不是一个趋势反转信号,这种形态的出现,常常意味着市场需要一段深思熟虑的时间,以便决定下一步的方向。

（52）死蜘蛛

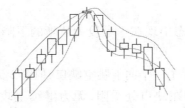

图 8-55　死蜘蛛

应用法则:长、中、短线均线死叉,表明近期走势看淡,下跌的可能性居多。

（53）跳空上涨卷袖线

图 8-56　跳空上涨卷袖线

应用法则:如果上升趋势途中,产生了一个向上跳空缺口,但第2天低开收阴线将跳空缺口回补,说明了多头在低位承接;空头惜售未发生后续抛售,原上升趋势将持续。

（54）跳空下跌并列阳线

图 8-57　跳空下跌并列阳线

应用法则:

①向下跳空并列阳线形态出现在一个较为清晰的下降趋势之中,快速下降产生向下跳空的白色K线。

②如果市场收市在并列白色K线的最低点之下,则意味着下一波下跌行情即将展开。

（55）跳空下跌并列阴阳线

图 8-58　跳空下跌并列阴阳线

应用法则：

①向下跳空并列阴阳线形态出现在一个较为清晰的下降趋势之中，快速下降产生向下跳空的阴线。

②如果下降趋势途中，产生了一个向下跳空缺口，但第 2 天低开高收阳线将跳空缺口回补，说明了多头在低位承接，却在缺口处受阻，无力继续上攻，回补缺口后，原下降趋势将持续。

（56）跳空下跌卷袖线

图 8-59　跳空下跌卷袖线

应用法则：

①一旦向下跳空并列黑白 K 线形态出现，则原下降趋势将持续。故在反抽确认缺口回补时，此时是多头抽身而退，抛出筹码逃命的好时机。

②如果下降趋势途中，产生了一个向下跳空缺口，但第 2 天低开高收阳线将跳空缺口回补，说明了多头在低位承接，却在缺口处受阻，无力继续上攻，回补缺口后，原下降趋势将持续。

（57）铁锤

图 8-60　铁锤

应用法则：

①如果锤头线出现在下降趋势之后，则构成一个看涨的 K 线图形态。

②在分析锤头线时,有一点非常重要:当锤头线出现后,必须等待下一个时间单位的看涨信号对它加以验证。锤头线的验证信号可能采取下面这样的形式:锤头线次日的开市价向上跳空,超过了锤头线的实体,向上跳空的距离越大,验证信号就越强烈。还可能采取另外一种形式:锤头线次日是一根白色 K 线,并且它的价格均处在较高的水平,则完成了看涨的验证信号。

(58)乌云笼罩(被线)

图 8-61 乌云笼罩

应用法则:下面列出了一些参考性因素,如果乌云盖顶形态具有这样的特征,则有助于增强其看跌的技术分量。

①乌云盖顶形态中,黑色实体的收市价向下穿入前一个白色实体的程度越深,则该形态构成市场顶部的机会越大。

②乌云盖顶形态发生在一个超长期的上升趋势中,它的第 1 天是一根坚挺的白色实体,其开市价就是最低价(就是说,是秃脚的),而且其收市价就是最高价(就是说,是秃头的);它的第 2 天是一根长长的黑色实体,其开市价位于最高价,而且收市价位于最低价(这是一个秃头秃脚黑色 K 线)。

③在乌云盖顶形态中,如果第 2 个实体(即黑色的实体)的开市价高于某个重要的阻挡水平,但是市场未能成功地坚守住,那么可能证明多方已经无力控制市场了。

④如果在第 2 天开市的时候,市场的交易量非常大,那么这里就可能发生暴涨现象。

(59)下跌分手线

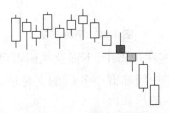

图 8-62 下跌分手线

应用法则:

①下跌分手线形态表示当前市场的下跌的趋势仍将继续,第 1 根 K 线是阳线,第 2 根阴线实体的颜色说明了空方目前处于持续状态,表明弱势未改。

②下跌分手线形态出现前必须有一段明显的下跌趋势,无论这段下降趋势是长或短,在此之后出现该形态才较为有效。

③分手线形态如果出现在前期的形态支撑位破位后3%市价的附近,则其下跌的可能性

将加强。

④如果分手线形态的 K 线越长，则处于持续状态的可靠性进一步增强，对行情的研判更具意义。

（60）下跌会合线

图 8-63　下跌会合线

应用法则：

①下跌会合线形态表示市场的当前下跌的趋势仍将继续，第 1 个阴线实体的颜色说明了空方目前处于持续状态。第 2 根 K 线是阳线，但最高价只收到昨日的收盘价，表明弱势未改。

②下跌会合线形态出现前必须有一段明显的下跌趋势，无论这段下降趋势是长或短，在此之后出现该形态才较为有效。

③会合线形态如果出现在前期的形态支撑位破位后 3% 市价的附近，则其下跌的可能性将加强。

④如果会合线形态的 K 线越长，则处于持续状态的可靠性进一步增强，对行情的研判更具意义。

（61）下降三法

图 8-64　下降三法

应用法则：在下降趋势中的三法形态中，下面这项因素可能加强其预测意义：如果头、尾两根阴线的 K 线的交易量超过了中间那群小 K 线的交易量，那么，该形态的分量就更重了。

（62）突破缺口—中继缺口—竭尽缺口

图 8-65　突破缺口—中继缺口—竭尽缺口

应用法则：

①突破缺口：汇率突破长期盘整，产生向下跳空缺口，则预示着一轮下跌行情开始。

②中继缺口：又名"测量缺口"，标志着下跌行情走到了中途。

③竭尽缺口：意味着行情抛压走到了尽头，很可能是向低价圈的最后一跌。

（63）仙人指路

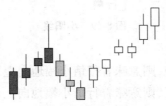

图 8-66　仙人指路

应用法则：上冲回挡洗盘，后期看涨，并且有望创近期的新高。

（64）向上跳空并列阳线形态

图 8-67　向上跳空并列阳线形态

应用法则：

①出现在一个较为清晰的上升趋势之中，快速上升产生向上跳空的白色 K 线。

②如果市场收市在并列白色 K 线的最高点之上，则意味着下一波上涨行情即将展开。

（65）向上跳空并列阴阳线形态

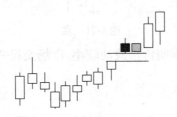

图 8-68　向上跳空并列阴阳线形态

应用法则：

①出现在一个较为清晰的上升趋势之中，快速上升产生向上跳空的白色 K 线。

②如果上升趋势途中，产生了一个向上跳空缺口，但第 2 天低开收阴线将跳空缺口回补，说明了多头在低位承接；空头惜售未发生后续抛售，回补缺口后，原上升趋势将持续。

（66）小阳线

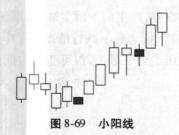

图 8-69　小阳线

应用法则：

①小阳线在上升行情中出现，则意味着行情小幅地向上攀升。

②小阳线在下跌行情中出现，则意味着行情小幅地向上反弹。

（67）小阴线

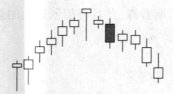

图 8-70　小阴线

应用法则：

①小阴线在上升行情中出现，则意味着行情强势回挡。

②小阴线在下跌行情中出现，则意味着行情向下滑跌。

（68）星

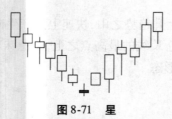

图 8-71　星

应用法则：星线实体越小，表明价格波动较小，市场交投一般也不活跃，处于一种无趋势状态。

（69）阳后双阴阳

图 8-72　阳后双阴阳

应用法则：神光特色 K 线组合，后势看涨。

（70）阴后双阳阴

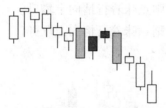

图 8-73　阴后双阳阴

应用法则：一根阴线后出现反弹的两根阳线，但被一根更大的阴线吃掉，表明空头仍然强大。

（71）孕线

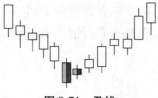

图 8-74　孕线

应用法则：在 K 线理论中，孕线形态的出现，预示着市场将同先前的趋势分道扬镳，行情将可能演化为反转或止跌横盘的趋势，且横盘的可能性大于反转的可能性。

（72）早晨之星

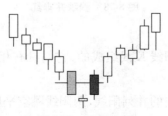

图 8-75　早晨之星

应用法则：

①早晨之星，顾名思义就像启明星（水星）预示着太阳的升起一样。由它的名称便知，这个形态预示着价格的上涨。

②三根 K 线在心理上构成一个完整的转化过程：看跌心理、多空平衡、看涨心理，故此组合形态转向和止跌横盘的有效性较高。

（73）中阳线

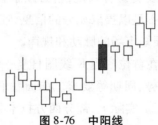

图 8-76　中阳线

应用法则：

①中阳线在上升行情中出现，则意味着行情向上攀升。

②中阳线在下跌行情中出现，则意味着行情向上反弹。

（74）中阴线

图 8-77　中阴线

应用法则：

①中阴线在上升行情中出现，则意味着行情向下回挡。

②中阴线在下跌行情中出现，则意味着行情向下深跌。

（75）骤跌并排红

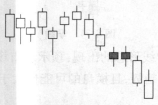

图 8-78　骤跌并排红

应用法则：

①本形态是由两根相邻的阳线 K 线组成的，它们具有相同的开市价，并且，它们的实体也具有差不多相同的高度。

②如果出现了一组向下跳空的并列阳线，两阳线跳空平底，则后市看跌。

# 8.4　外汇趋势分析

从统计的数据来看，K 线图的形态大致可以预测未来 1 ~ 3 天的趋势，纯粹的 K 线图分析只适合短线交易者。而对于中线交易者来说，就必须了解中长期的技术分析手段和其他辅助分析手段。单独的分析手段不足以提取充分的信息，唯有多掌握几种分析手段，才能获得市场从几个方面发出的信号，预知市场的脉动和规律。

西方技术分析把趋势分析放在首位。当 K 线图日复一日地往后排列时，就形成了连贯的运动轨迹，也就形成了形态、趋势、周期等要素。前面我们已经掌握了短期形态和中期形态，接下来就要了解趋势和周期了。实际上，部分西方技术分析者将他们所有的注意力都集中在下面的理论中,而对前面的知识毫不关注。

外汇价格随着时间的推移,会在图表上留下轨迹,这一轨迹呈现出一定的方向性,而方向性反映了价格的波动情况。即趋势就是价格波动的方向,也是外汇市场运动的方向。

在外汇市场里,如果确定了是一段上升或下降的趋势,则汇价的波动必然朝着这个方向运动,直到有外力来改变它的方向为止。上升的行情里虽然也会有下降,但不影响上升的大方向;下降行情里即使有反弹,也不改变其最终的下降趋势。

## 8.4.1　什么是趋势

趋势的概念主要是指汇率运行的方向,它是汇率波动有序性特征的体现,也是汇率随机波动中偏向性特征的主要表现。趋势实际上是物理学中最有名的运动学定律即牛顿惯性定律在外汇市场中的真实再现,是技术分析中最根本、最核心的因素。即便是国家宏观经济运行在各个阶段也存在发展趋势,各个行业在不同的阶段更存在明显的发展趋势。

实战投资家最重要的投资原则就是顺势而为,即顺从汇率沿最小阻力运行的趋势方向而展开操作,与汇率波动趋势达到"天人合一"。

首先要认识到,汇率随着时间的推移,在图表上会留下其运行的轨迹,这一轨迹呈现一定的方向性,方向性同时也反映出汇率的波动情况。简单地说,趋势就是价格波动的方向,或者说是外汇市场运行的方向。趋势方向也只有 3 种:上升、水平、下降。若确定了当前趋势的方向性,则汇率的波动必然朝着这个方向运动。

在趋势向上的行情中,虽然有时候也会出现短暂的调整,但不影响上升的大方向,不断出现的新高,会使得偶尔出现的小幅调整显得黯然失色。下降行情里的情况正好相反,不断出现的新低会使得投资者心情悲观失望,甚至是人心涣散。

技术分析有 3 大假设条件,其中第二条明确说明了价格的变化是有趋势的,在没有特殊情况发生时,价格将沿着这个趋势继续运动下去。这一点就说明了趋势这个概念在技术分析中的重要地位。

## 8.4.2　趋势线的画法

既然了解了趋势的重要性,那么就不得不研究下趋势线的画法。大家都知道,上升趋势线起到支撑作用,若汇率回调至上升趋势线附近,必会强烈支撑;反之若汇率跌破上升趋势线,则上升趋势线就起到了压制作用。具体画法很简单,在上升趋势中,将价格上升过程中的低点连成一条射线,让其无限延长,就得到了上升趋势线。反之,在下跌趋势中,将价格下跌过程中的高点连成一条射线,就得到了下跌趋势线。

在画线过程中,特别需要注意以下几个要点。

①趋势线根据汇率波动时间的长短分为长期趋势线、中期趋势线和短期趋势线。长期趋势线应当选择长期波动点作为画线的依据,中期趋势线则是中期波动的连线,而短期趋势线则建议用 30 分钟或者 60 分钟 K 线图的波动点进行连线。

②画趋势线时应尽量画出不同的试验线,待汇率变动一段时间后,保留经过验证能够准

确反映波动趋势,具有分析意义的趋势线。

③趋势线是建立在普通坐标上的,而不是对数坐标系。也就是说,随着汇率的推高,当行情逐渐接近顶部时,趋势线所代表的上涨速度就会越来越慢,反之亦然。

④画趋势线不应过于陡峭,否则容易被横向整理突破,失去分析意义。由于汇率的长期走势是由资金决定的,所以比较陡峭的趋势线,不管连了多少个点,最终都要被击穿,而击穿了并不意味着行情的结束,击穿之后,还可以有另外一条比较平缓的趋势线来支撑住它。

虽然你可能会画这些简单的趋势线,但这并不意味着趋势线已经被你完全掌握了。我们画出一条直线后,还有很多问题需要去解决。最迫切需要解决的问题就是,画出的这条直线是否具有使用价值,以这条线作为我们今后预测市场的参考是否具有很高的准确性。这个问题实际上是对用各种方法画出趋势线进行筛选的评判,最终保留一条确实有效的趋势线。要得到一条真正起作用的趋势线,要经历多方的验证才能最终确认,不合条件的一般应予以删除。首先,必须确定有趋势的存在,也就是说,在上升趋势中,必须确认出两个依次上升的低点;在下降趋势线中,必须确认两个依次下降的高点,才能确认趋势的存在,连接两个点的直线才有可能成为趋势线。

一般而言,判断一个中期以上的上升趋势线的权威性及准确性应注意以下6点。

①趋势线被触及的次数:次数越多,该趋势线的可靠性就越大。也就是说,如果汇率回到趋势线上,就再度上升(或者下降)。这样的次数越多则趋势线的有效性就越能得到确认。

②趋势线的长度和持续时间:如果一轮涨势或者跌势越过趋势线的时间越久,大势反转的可能性也就越大。趋势线延伸越长,同时两个靠近的次级底部的连线不能太平或者太陡,否则其参考意义不大。相反,两个次级底部的距离相当远,则可靠性就会大大地增强。

③趋势线的角度(斜率):趋势线的角度(斜率)越大,表明汇率的上升或者下降的速度越快,因此,其以后的抵抗力也就越弱。对于上升趋势而言,通常45°角的斜率是最具有研判意义的。

④趋势线被突破时的价差大小:汇率在突破趋势线时如果有3%以上的价差,就可以确认突破的有效性。

⑤汇率在趋势线附近的反应大小:汇率在趋势线附近的反应越大,则其确认突破的有效性越强。

⑥趋势线发生改变时其成交量的变化:在上升反转,上升趋势初始确认时,一般情况必须伴随着成交量的大量增加;而在下跌反转,下跌趋势初始确认时,则无须成交量的确认。

### 8.4.3 趋势线的应用法则

(1)趋势线的应用法则之一

在上升行情中,汇率回落到上升趋势线附近获得支撑,汇率可能反转向上;而在下跌行情中,汇率反弹到下跌趋势线附近将受到阻力,汇率可能再次回落。也就是说:在上升趋势线的触点附近将形成支撑位,而在下跌趋势线的触点附近将形成阻力位。

在实战应用中要特别注意的是:当汇率与趋势线形成触点时,投资人应该采用谨慎操作的策略,以回避难以把握的汇率的未来走向。

(2)趋势线的应用法则之二

如果下跌趋势线维持时间较长,而且汇率的跌幅较大时,汇率放量突破趋势线,是下跌趋势开始反转的信号。该法则有以下3个主要特征:

①下跌趋势线维持的时间较长;

②汇率的跌幅较大;

③汇率向上突破下跌趋势线时一般都呈现出放量的状态。

在实战应用中要注意的是:所确认的反转突破点与下跌趋势线的幅度不能过大,一般不能超过5%。否则,这个突破的高度和可靠性是要大打折扣的。

(3)趋势线的应用法则之三

汇率突破趋势线时,如果原来的趋势线成为支撑或者阻力,那么汇率经常会反弹或者回落。该法则也有以下3点主要特征需要我们注意。

①只适用于上升或者下跌趋势,对于横向趋势没有指导意义;

②原来的趋势线被确认有效突破时,该法则才可以适用;

③与原来的趋势线作用性质将成为反向对应,即:支撑变阻力,阻力变支撑。

(4)趋势线的应用法则之四

在上升行情初期,趋势线的斜率往往较大,回落跌破原趋势线时,通常会再沿着较缓和的趋势线上升,原趋势线将形成阻力,当汇率跌破第2条修正趋势线时,行情将反转。该法则也有以下3个主要特征。

①汇率总是沿着新的趋势线运行;

②原有的趋势线将形成阻力;

③第2条修正趋势线被有效击穿时行情将反转。

# 8.5 外汇形态分析

形态分析法是根据形态学来分析事物的方法,是研究结构或形状的,指的是对一个问题每一部分所有可能的选择方案进行精确的分析和评价,其目的在于根据对每种可能性进行的分析和评价来得出最佳结果。这种分析提供了一种逻辑结构,它可以代替随机的想法,其内容广泛而全面,有助于确保能考虑到所有的选择方案,并有可能通过对这些选择方案进行综合而提出未曾考虑过的新的过程综合。

外汇形态分析是通过总结和归纳价格图上以往价格的演化形态来预测未来价格走势的

一种分析方法。典型的价格演化形态包括反转形态和持续形态。

## 8.5.1 反转形态

### 1）双顶

双顶（Double Top）俗称 M 头图形，如图 8-79 所示。双顶在图形中是一个主要的转势信号，当价格在某时段内连续两次上升至相约高度时而形成的价位走势图形。双顶的形态像两座山头相连，出现在价位的顶部，反映后市偏淡。当价格自第 1 顶回落后，成交量通常都会萎缩。再者，若价格跌破先前的支持线（颈线），便会较急速地滑落，支持线因此改变为阻力线。

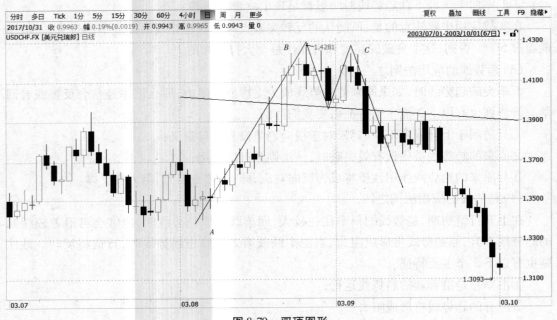

图 8-79　双顶图形

根据图 8-79，由 A 点到 B 点是一个上升趋势。当遇到阻力位时，市况随即回落。在低位停留 3 个多月后，市况再次上升到另一个高位 C 点，但后市迅速下滑而形成双顶图形。由此可见，趋势确实已经逆转，如果价格跌破 A 点价位则发出一个穿破支持位的信号。

### 2）双底

双底（Double Bottoms）俗称 W 底，如图 8-80 所示。它是当价格在某时段内连续两次下跌至相约低点时而形成的走势图形。当出现双重底时，通常是反映在向下移动的市况由熊市转为牛市。一旦形成双重底图形，必须注意图形是否肯定穿破阻力线，若穿破阻力线，表示有强烈的需求。成交量通常因回调而大幅增加。双重底也可利用技术分析指标中的资金流向指数及成交量平衡指数（OBV）作分析买卖强势之用。若价格穿破阻力线，阻力线因此而变为支持线。

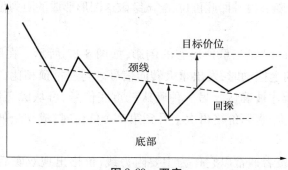

图 8-80　双底

### 3）三重顶

三重顶（Triple Top）又称为三尊头，如图 8-81 所示。它是以 3 个相约之高位而形成的转势图表形态，通常出现在上升市况中。典型三重顶，通常出现在一个较短的时期内及穿破支持线而形成。另一种确认三重顶信号，可从整体的成交量中找到。在图形形成过程中，成交量随即减少，直至价格再次上升到第 3 个高位时，成交量便开始增加，形成一个确认三重顶信号。

最低点的形成，投资者通常以它作为主要支持线，当价格出现双顶后回落至接近颈线（支持位），然后再次反弹至原先双顶的位置，并遭遇阻力后回落。若价格跌破颈线，便会大幅滑落，三重顶图形已被确认。

图 8-81　三重顶

上述例子显示，当价格上升到 A 点，交易徘徊在这区域约 1 个多月后，仍未成功穿破 B 点与 C 点之阻力位。因在没有需要之情况下，价格开始回落，而且跌破三重顶图形的支持位，确认了向淡趋势图形。随后再升回此价位,尝试穿破这图形形成的阻力位(前市的支持位)。

### 4)三重底

三重底(Triple Bottom)是三重顶形态的倒影,如图 8-82 所示。在跌市中以 3 点相约之低点而形成。在价格向上摆动时,发出重大转向信号。与三重顶相比,三重底图形通常拖延数月时间及穿破阻力线才被确认。另一种确认三重底信号,可从成交量中找到。在图形形成过程中,成交量会减少,直至价格再次上升到第 3 个低位时,成交量便开始增加,形成一个确认三重底信号。

最高点的形成,投资者通常以它作为主要阻力线,价格出现双底后回升至接近颈线,重遇阻力回落至双底水平的支持位。价格未能跌破此支持位,而当其时成交量骤减,并开始反弹,成交量随即大增。当价格升越颈线时,成交量激增。在价格向上突破颈线后,三重底图形已被确认。

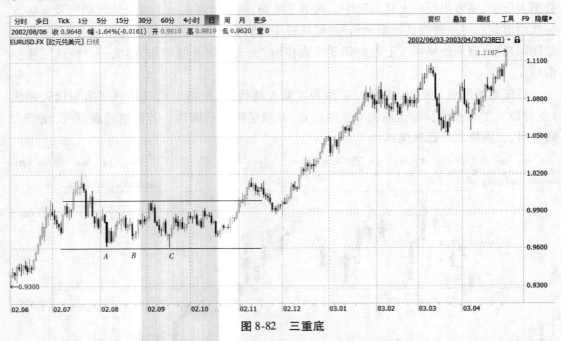

图 8-82    三重底

上述例子显示,当价位下降至 A 点,交易随即徘徊在这区域约 4 个月,但未能穿破 B 点和 C 点的支持位。因供过于求,价格开始上升至前市的某些高位。三重底的阻力位(即图 8-82 的高线),以及再升破阻力位,三重底形态因而确认。随后又再次回调到一个新的支持位(即前市的阻力位),但未能转为牛市,这更能增强三重底图形的力量。

### 5)头肩顶

头肩顶(Head & Shoulders Top)是最为常见的倒转形态图表之一,如图 8-83 所示。头肩顶跟随上升市势而行,并发出市况逆转的信号。顾名思义,图形以左肩、头、右肩及颈线组成。当 3 个连续的价格形成左肩时,其成交量必须最大,而头部次之,至于右肩应较细。

当价格一旦跌破支持线(颈线),便会出现较急且大的跌幅。成交量可为头肩顶形态充当一个重要的指标,大多数例子中,左肩的升幅必定高于右肩的升幅,下降的成交量加上头部创新高可充当一个警号,警戒市势正在水平线上逆转。

第二个警号是当价格由头部的顶峰回落时,穿越右肩的高点。最后逆转信号是在价格跌破颈线后,出现后抽现象,在价格触及颈线后仍未见有所突破便立即沽出。

在大多数图形中,当支持线被穿破,相同的支持线在后市中转变为阻力线。

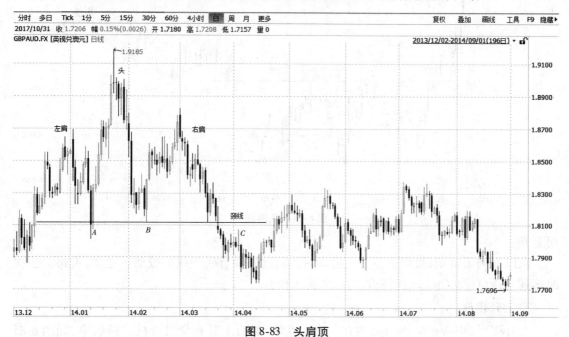

图 8-83　头肩顶

### 6)头肩底

头肩底(Head & Shoulders Bottom)图形由左肩、头、右肩及颈线组成,如图 8-84 所示。其跟随下跌市势而行,并发出市况逆转的信号。3 个连续的谷底以中谷底(头)最深,第 1 及最后谷底(分别为左、右肩)较浅及接近对称,因而形成头肩底形态。当价格一旦升穿阻力线(颈线),则出现较大幅的上升。

成交量可为头肩底形态充当一个重要的指标,大多数例子中,左肩较右肩和头部为大,下降的成交量加上头部创新低可充当一个警号,警戒市势正在水平线上逆转。

第二个警号是当价格由头部的顶峰上升时,即价格向上突破颈线后,再次回落至颈线支持位,然后才大升。最后逆转信号是在价格向上穿破颈线后,把握时机入市,若未能跟进,则可望出现后抽回试颈线支持位时买入。

在大多数图形中,当阻力线被穿破,相同的阻力线在后市中转变为支持线。

上述图例,在左肩 A 点形成一个正下跌及整固的市况。颈线从 A 点开始形成后,再次回落约 1 个月,形成头部。随后价格开始反弹,到 B 点再度回落,形成右肩。直到颈线的第 2 点出现,成为阻力线(即 B 点)。价格随后因有大量成交量而上升穿破阻力位(颈线),头肩底图形从而确认。升破颈线后,可能有抽后情况发生,如不跌穿颈线,市势将向着目标幅度

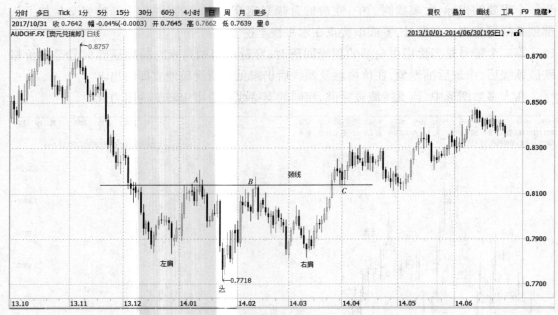

图8-84　头肩底

而上升。

从以上例子得知,投资者不一定会即时追随已破头肩底颈线的股票。通常,价格会再次
回落到支持位(如C点)给投资者另一个买入机会。

### 7)上升楔形

上升楔形(Rising Wedge)发生在一个大跌市,然后上升和交易价格一路收窄,如图8-85

图8-85　上升楔形

所示。上升楔形可分为持续图形或逆转图形两种。在持续图形中,上升楔形呈向上倾斜直到相遇现时的下降走势。而逆转图形亦会同样呈向上倾斜,但成交则顺势上升。

上升楔形通常拖延至 3～6 个月时间,并能提供给投资者一个警号——市势正在逆转中。上升楔形的形成,最少有两点高点,以每点的最高及先前的最高点连成一条最高的阻力线;同样,最少有两点低点,以每点的最低及先前的最低点连成一条最低的支持线。在上升楔形中,价格上升,卖出压力亦不大,但投资人的兴趣却逐渐减弱,价格虽上扬,可是每一个新的上升波动都比前一个弱,最后当需求完全消失时,价格便反转回跌。因此,上升楔形表示一个技术性的意义在渐次减弱的情况。当其下限跌破后,就是沽出信号。

图 8-85 是一个上升楔形的例子,价格于 7 月中由一个跌市开始慢慢下跌,在 A 点和 B 点相符的新低,分别形成新高。但相对强弱指数(RSI)显示,由 A 点至 B 点间的升幅却出现了顶背驰。当下斜线与价格相遇,上涨趋势没有足够的动力使价格推上,价格随即跌穿支持线 C 点,下跌趋势因此而持续。

### 8)下降楔形

下降楔形(Falling Wedge)是出现在上升价格顶部的一种常见形态,如图 8-86 所示。在价格出现上下小幅波动的整理期间,下降楔形可分为持续图形和逆转图形两种。

**图 8-86　下降楔形**

在持续图形中,下降楔形呈向下倾斜,直到相遇现时的上升走势。反之,逆转图形亦同样呈向下倾斜,但成交则顺势下降。无论任何一种类型,这图形都被视为看好。

下降楔形通常拖延至 3～6 个月的时间,并能提供给投资者一个警号——市势正在逆转中。下降楔形的形成,最少有两点高点,以每点的最高及先前的最高点连成一条最高的阻力线;同样,最少有两点低点,以每点的最低及先前的最低点连成一条最低的支持线。

价格经过一段时间上升后,出现获利回吐,虽然下降楔形的底线往下倾斜,似乎说明了市场的承接力不强,但新的回落浪较上一个回落浪波幅更小,说明沽售力量正减弱中,加上成交量在这阶段中的减少可证明市场卖压的减弱。

在下降楔形中,价格上升,卖出压力亦不大,但投资人的兴趣却逐渐减弱,价格虽上扬,可是每一个新的上升波动都比前一个弱,最后当需求完全消失时,价格便反转回跌。因此,下降楔形表示一个技术性的意义在渐次减弱的情况。当其下限跌破后,就是沽出信号。下降楔形的出现告诉我们升市尚未见顶,这仅是升后的正常调整现象。一般来说,形态大多是向上突破,当其上限阻力突破时,就是一个买入信号。

上图是一个下降楔形例子,价格一直向下滑,以与 A 点和 B 点相符的新高,分别形成两个新低。当下斜线与价格相遇,下涨趋势没有足够的动力把价格推低,价格随即升破 C 点的阻力位。上升趋势因此而持续。

### 9)圆底

圆底(Rounding Bottom)又称为碟形(saucers)或碗形(bowls),是一种逆转形态,但并不常见,如图 8-87 所示。此类形态大多数出现在一个由熊市转为牛市的长时间整固期。但在本例中,是以短时间的整固期为例。

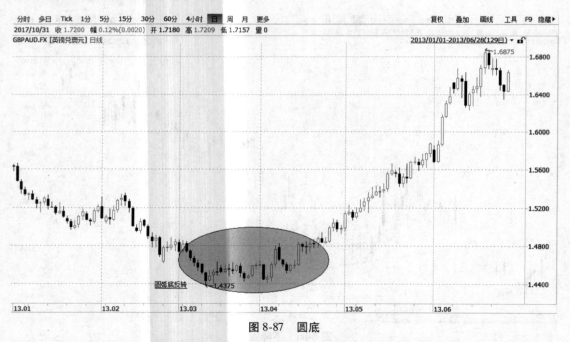

图 8-87 圆底

圆底常常在一个长期跌市后出现,低位通常记录新低及回跌。圆底形态可分为 3 部分:下降、最低及上升。

形态的第 1 部分是下降:即带领圆形到低位。下降的倾斜度不会太过分。第 2 部分是圆弧底的最低位,与尖底很相似,但不会太尖。这部分通常出现时间较长或升幅可达 1 个月。最后是上升部分,通常图形的上升部分与下降部分所出现的时间大致相同。如果上升部分升得太快,便会破坏整个形态,而且变为假信号。

　　整个图形来看,如价格还未穿破阻力位,即图形开始的下降位置,则圆底仍未确认。成交量通常跟随圆底形态:最高位即下降的开始,最低位即下降的终点,而上升过程成交量变强。

## 8.5.2　持续形态

### 1)杯柄形

　　杯柄形是一种持续上升的形态,它跟随上通道的突围而形成一段整理的时间,如图 8-88 所示。杯柄形态可分为两部分:杯及杯柄。当某时段价格上涨,一个杯形随之而形成,它的外观好像一个碗或者圆底,也像一个呈 U 字的形态。因为与 V 形相比,U 形比较平坦,故此杯形可以确定是一种在底部具有强烈支持的整理形态。

　　当杯形形成后,短期的成交,便是杯柄的进化期。由杯柄范围随后突围,并提供一个较强烈的上升趋势信号。通常杯柄的回调越短暂,越形成上升趋势及加强突围。当突围出现时,成交量明显是上升的。

图 8-88　杯柄形

　　以上为例,在遇到 A 点的阻力位前,价格正在上升。不到 6 个月,杯的形态已形成,而且相遇阻力位 B 点。价格随后在杯柄区域调整,然后穿破阻力位,确认了杯柄形。成交量也提供了一个很明确的指标,确认这图形的准确性。因成交量在破位前后增加,代表出现大量买家。

### 2)旗形

　　旗形的形态就像一面挂在旗顶上的旗帜,通常在急速而又大幅的市场波动中出现,如图

8-89所示。价格经过一连串紧密的短期波动后,形成一个稍微与原来趋势呈相反方向倾斜的长方形,这就是旗形走势。旗形走势分为上升旗形和下降旗形。

当价格经过陡峭的飙升后,接着形成一个紧密、狭窄和稍微向下倾斜的价格密集区,把这密集区的高点和低点分别连接起来,便可画出两条平行而下倾的直线,这就是上升旗形。当价格出现急速或垂直的下跌后,接着形成一个波动狭窄而紧密,稍微上倾的价格密集区,像是一条上升通道,这就是下降旗形。

形态完成后价格便继续向原来的趋势移动,上升旗形将向上突破,而下降旗形则往下跌破。上升旗形大多数在牛市末期出现,因此暗示升市可能进入尾声阶段;而下降旗形则大多数在熊市初期出现,显示大市可能作垂直式的下跌,因此形成的旗形细小,大约在三四个交易日内已完成,但如果在熊市末期出现,形成的时间较长,且跌破后只可作有限度的下跌。楔形旗是由两条相同方向移动且收敛的直线而成,而这两条直线是在较短时间内形成一个扁长的三角形。楔形较常出现在一个涨势或跌势的中心位置,即上涨中的中段整理及下跌过程中的反弹逃命波,而成交量大多数在整理过程中逐渐减少,而在突破或跌破后量能又显著放大。

在上升趋势中,楔形旗是由左上方向右下方倾斜;在下降趋势中,则由左下方向右上方倾斜,形状与旗形相似,颇像船尾所悬挂的旗帜。

图8-89　旗形

上图为上升旗形的例子,从3月底开始,汇率一直处于上涨阶段,5月7日开始出现了震荡下跌,高点与低点都保持在平行区间内,形成了上升旗形,6月12日价格突破上边线继续上涨。

### 3）对称三角形

对称三角形（Symmetrical Triangle）又称等边三角形，如图 8-90 所示。一般情形之下，对称三角形是属于整理形态，即价格会继续原来的趋势移动。它是由一系列的价格变动所组成的，其变动幅度逐渐缩小，亦即每次变动的最高价，低于前次的水准，而最低价比前次最低价水准高，呈一压缩图形。如从横的方向看价格变动领域，其上限为向下斜线，下限为向上倾线，把短期高点和低点，分别以直线连接起来，就可以形成一对称的三角形。

对称三角形成交量，因越来越小幅度的价格变动而递减，正反映出多空力量对后市犹疑不决的观望态度，然后当价格突然跳出三角形时，成交量随之而变大。

若价格往上冲破阻力线（必须得到大成交量的配合），便是一个短期买入信号；反之，若价格往下跌破（在低成交量之下跌破），便是一个短期沽出信号。

图 8-90　对称三角形

上图为例，当价格从 A 点流入对称三角形及交易徘徊在这个区域时，下降趋势出现。趋势线也在随后半年出现（A 点至 C 点和 B 点至 D 点）。在 E 点，价位开始穿破阻力线，尝试转势，但不成功，却成为一个假突破。这是一个很好的例子，可提醒投资者必须等待收市后的信号，并留意破位是否准确或是否一个好的入市位。在 E 点，价格在趋势线下开市，确认先前的信号是假的。随后，价格穿破三角形的下点及大量沽盘，这确认了对称三角形的下跌趋势持续。

### 4）上升三角形

上升三角形（Ascending Triangle）通常在回升高点的连线趋近于水平而回挡连线的低点，逐步垫高，因而形成往上倾的上升斜线，而在整理形态的末端，伴随着攻击量能的扩增，一般往上突破的机会较大，如图 8-91 所示。

价格在某水平呈现强大的卖压，价格从低点回升到水平便告回落，但市场的购买力仍十分强，价格未回至上次低点便即时反弹，持续使价格随着阻力线的波动而日渐收窄。我们若把每一个短期波动高点连接起来，便可画出一条阻力线；而每一个短期波动低点则可相连出另一条向上倾斜的线，便形成上升三角形。成交量在形态形成的过程中不断减少。

上升三角形显示买卖双方在该范围内的较量，但买方的力量在争持中已稍占上风。卖方在其特定的价格水平不断沽售，不急于出货，但却不看好后市，于是价格每升到理想的沽售水平便即沽出，这样在同一价格的沽售形成了一条水平的供给线。不过，市场的购买力量很强，他们不待价格回落到上次的低点，便迫不及待地购进，因此形成一条向右上方倾斜的需求线。

图 8-91　上升三角形

上图为例，上升三角形在最初形成时，价格亦开始向上升。整个形态发生在 6 个月内，但并没有穿破 B、C 及 E 的阻力线。而较高的低位 A 点至 D 点至 F 点，代表正在积聚及市况会继续上升。在整个过程中，成交量比预期弱，但在 F 点开始赶上。而价格刚好受制于支持线，然后反弹升穿阻力位 G 点，而且 G 点的成交量很高。上升三角形形态确认后，市势将会持续上升。

5）下降三角形

下降三角形（Descending Triangle）通常在回挡低点的连线趋近于水平而回升高点的连线则往下倾斜，代表市场卖方的力量逐渐增加，使高点随时间而演变，越盘越低，而下挡支撑的买盘逐渐转弱，退居观望的卖压逐渐增加。在买盘力量转弱而卖压逐渐增强的情况下，整理至末端，配合量能温和放大，而价格往下跌破的机会较大，如图 8-92 所示。

　　下降三角形的形状与上升三角形恰好相反,价格在某特定的水平出现稳定的购买力,因此每回落至该水平便告回升,形成一条水平的需求线。可是市场的沽售力量却不断加强,价格每一次波动的高点都较前次为低,于是形成一条下倾斜的供给线。

　　下降三角形同样是多空双方的较量表现,然而多空力量却与上升三角形所显示的情形相反。

图 8-92　下降三角形

　　上图为例,下降三角形在最初形成时,价格亦开始向下滑。整个形态发生在 12 个月内,但没有穿破支持线的 A 点、C 点及 E 点。而高位在 B 点、D 点和 F 点,代表市况正在分发及看淡。在下降三角形形成的过程中,成交量的数值比预期弱,但在 F 点开始赶上,而阻力线也非常强劲,在最后的上试阻力不成功,价格随即回调及跌穿 G 点的支持位,而且 G 点的成交量也很高。下降三角形形态确认后,市势持续下跌。

### 6)价格通道

　　价格通道(Price Channels)是延续图形,如图 8-93、图 8-94 所示。它的斜度倾向上或向下,似乎它的价格成交集中于上趋势线或下趋势线之内。上趋势线是一条阻力线,而下趋势线则是一条支持线。当价格通道有向下趋势倾斜时便视为跌市,而价格通道向上倾斜时,则视为升市。

　　以两条趋势线形成的价格通道,一条称为主趋势线,另一条称为通道线。主趋势线决定有力的趋势。如上升(下跌)通道向上(向下)倾斜时,最少以两点的低点(高点)连成一线而绘出。

　　另一条趋势线称为通道线,与主趋势线平衡。通道线以高点及低点绘出。在上升通道时,通道线是一条阻力(支持)线;在下降通道时,通道线则是一条支持线。

当价格持续上升并在通道范围内波动,趋势便可看作牛市。当价格未能到达通道线(阻力线)时,便可预料到趋势将会有急剧的转变。随后价格下破主趋势线(支持线)时,便可提供市况将会逆转的确认信号。相反,当上穿通道线时,便可视为牛市及暗示价格将持续上升。

图 8-93  上升通道

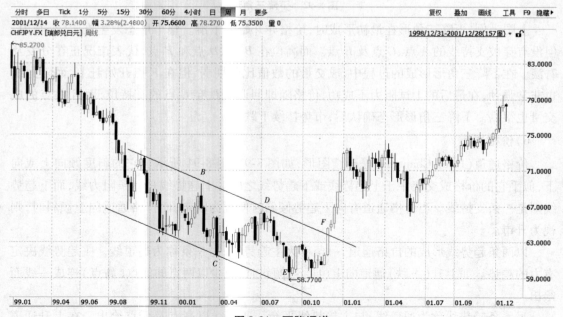

图 8-94  下降通道

如图 8-93 所示，当价格离开上升趋势后，一个上升通道开始形成。在整个价格上升期间，交易不能够穿破 A 点、C 点和 E 点的阻力线（通道线），纵使价格穿破由 B 点和 D 点组成的支持线，上升轨仍然存在，因为高位和低位逐渐上升。但最后，F 点因太多沽盘导致穿破支持线。其实在 F 点前的价格没有伸展到通道线时，已经发出一个警告信号，表示缺乏购买力。相反，随着价格继续在通道内下跌或波动，趋势视为向淡。当价格越不接近通道线（或支持线），即表示将发生的会是趋势变动。如穿破阻力线，代表现时的走势将有变动。如穿破下通道，即代表向淡及持续下跌。

如图 8-94 所示，当价位离开下跌趋势后，下跌通道开始形成。在整段价格下跌期间，交易不能穿破 A 点与 C 点的支持位（或通道线），纵使价格穿破 B 点和 D 点组成的阻力线，下降轨仍然存在，因为高位和低位下降。穿破 G 点真正转为上升趋势。当价格没有伸展到通道线时，E 点已发出一个转势的警告信号，表示价格持续受到沽压。

### 7）矩形

矩形（Rectangle）又叫箱形，如图 8-95 所示，也是一种典型的整理形态。价格上升到某水平时遇到阻力，掉头回落，但很快便获得支持而回升，可是回升到前次相同高点时却再一次受阻，而挫落到上次低点时则再得到支持。这些短期高点和低点分别以直线连接起来，便可以绘出一条通道，这通道既非上倾，也非下降，而是平行发展，这就是矩形形态。

图 8-95　矩形

一般来说，矩形形态在上升市和下跌市中都有可能出现，长而窄且成交量小的矩形在原始底部比较常出现，短而宽且成交量小的矩形则常出现在顶部。突破上下限后有买入和卖出的信号，涨跌幅度通常等于矩形本身宽度。当向上突破上限阻力时，就是一个买入信号。反之若往下跌破时，则是一个沽出信号。矩形形成的过程中，除非有突发性的消息扰乱，其成交量应该是不断减少的。如果在形态形成期间,有不规则的高成交量出现,形态可能失败。当价格突破矩形上限的水平时,必须有成交量激增的配合;但若跌破下限水平时,就不须高成交量的增加。

矩形呈现突破后,价格经常出现反抽,这种情形通常会在突破后的 3 ~ 21 天出现。反抽将止于顶线水平之上,往下跌破后的假性回升,将受阻于底线水平之下。

根据以上图例,在 3 月,矩形图形在一个下跌市开始形成,可知市况已见底,而成交量也很小。直至次年 1 月,成交量开始增加,清晰显示价格突破在即,走势向下跌趋持续。

# 8.6 外汇技术指标分析

技术指标是依据一定的统计方法,运用一些复杂的数学计算公式或数量模型,通过计算机系统生成的某种指标值或图形曲线。以技术指标来判断汇价未来走势的分析方法,就是技术指标分析法。

产生技术指标的方法通常有两种,第一种是按明确的数学公式产生新的数字,这是技术指标中较为广泛的一类,著名的 KDJ 指标、RSI 指标、MA 指标都属于这类;第二种是没有明确的数学公式,只有处理数据的文字叙述方法,这一类指标相对较少。技术指标的原始数据是开盘价、最高价、最低价、收盘价、成交量、成交金额和成交笔数等。对原始数据进行处理,指的是将这些数据的部分或全部进行整理加工,使之成为一些数值信号。不同的处理方法就产生不同的技术指标。

每一个技术指标都是从一个特定的方面对外汇市场进行观察。通过一定的数学公式产生的技术指标,反映着汇市某一方面的深层次内涵,这些内涵仅仅通过原始数据是很难看出来的。有些基本的分析思想我们很早就已经知道,但往往只停留在定性的程度而没有进行定量的分析,技术指标则可以进行定量的分析,使具体操作时的精确度得以大大提高。但技术指标总是滞后于行情,只能对行情的大致趋势有一个方向性的判断,因为它毕竟来自于统计学的范畴。

外汇技术分析的应用法则主要通过以下 6 个方面进行。

①指标的背离。指指标的走向与汇价走向不一致。

②指标的交叉。指指标中的两条线发生了相交现象。

③指标的高位和低位。指指标进入了超买区和超卖区。

④指标的徘徊。指指标处在进退都可能的状态,无明确判断方向。

⑤指标的转折。指指标的图形发生了反转。

⑥指标的盲点。指指标无能为力的时间与环境。

目前市面上较常用于外汇分析的指标有以下 8 种。

趋向指标类:

　　MA　　　移动平均线

　　MACD　　指数平滑异同平均线

　　DMI　　　动向指标

　　SAR　　　抛物转向

反趋向指标类：

　　KDJ　　　随机指标

　　RSI　　　相对强弱指标

　　W%R　　威廉指标

压力支撑指标类：

　　BOLL　　布林线

　　当市场行情有明显趋势可寻的时候,用趋向指标(如 MA)最有效果,它们能始终追逐趋势前行;而当市场行情处于盘整或极端高位或低位时,用反趋向指标(如 KDJ)则往往能指出行情的转折时机。但是,当行情开始启动的时候,反趋向指标就失去了作用,而当行情再次处于高风险区或严重超卖区时,反趋向指标又开始得到应有的重视。反趋向指标本质上属于摆动指标,只能在有限的区间紧密跟踪价格的变化。下面分别介绍这几种指标的运用。

## 8.6.1　移动平均线

### 1)移动平均线的原理

　　移动平均线(MA)是用统计处理的方式,将若干天的汇率加以平均,然后连接成一条线,用以观察汇率趋势。移动平均线的理论基础是道·琼斯的"平均成本"概念。移动平均线通常使用的有 3 日、6 日、10 日、12 日、24 日、30 日、72 日、200 日、288 日、3 周、26 周、52 周,等等,不一而足,其目的在取得某一段期间的平均成本,而以此平均成本的移动曲线配合每日收盘价的线路变化分析某一期间多空的优劣形势;以研判汇率的可能变化。一般来说,现行价格在平均价之上,意味着市场买力(需求)较大,行情看好;反之,行情价在平均价之下,则意味着供过于求,卖压显然较重,行情看淡。

　　以 10 日移动平均线为例。将第 1～10 日的 10 个收盘价,累计加起来后的总和除以10,得到第 1 个 10 日平均价,再将第 2～11 日收盘价的总和除以 10,则为第 2 个 10 日平均价,这些平均价的连线,即成为 10 日移动平均线,移动平均的期间长短关系其敏感度,期间越短敏感度越高,一般汇率分析者,通常以 6 日、10 日移动平均线观察短期走势,以10 日、20 日移动平均线观察中短期走势;以 30 日、72 日移动平均线观察中期走势;以 13 周、26 周移动平均线研判长期趋势。西方投资机构非常看重 200 天长期移动平均线,以此作为长期投资的依据,行情价格若在长期移动平均线下,属空头市场;反之,则为多头市场。

### 2)移动平均线的运用原则

　　①平均线由下降逐渐走平而汇率自平均线的下方向上突破是买进信号。当汇率在移动

平均线之下时,表示买方需求太低,以至于汇率大大低于移动平均线,这种短期的下降给往后的反弹提供了机会。这种情况下,一旦汇率回升,便是买进信号。

②当汇率在移动平均线之上产生下跌情形,但是刚跌到移动平均之下就开始反弹,这时,如果汇率绝对水平不是很高,则表明买压很大,是一种买进信号。不过,这种图表在汇率水平已经相当高时,并不一定是买进信号。只能作参考之用。

③移动平均线处于上升之中,但实际汇率发生下跌,未跌到移动平均线之下,接着又立即反弹,这里也是一种买进信号。在汇率的上升期,会出现价格的暂时回落,但每次回落的绝对水平都在提高。所以,按这种方式来决策时,一定要看汇率是否处于上升期,是处于上升初期,还是处于上升晚期。一般来说,在上升期的初期,这种规则适用性较大。

④汇率趋势线在平均线下方变动加速下跌,远离平均线,为买进时机,因为这是超卖现象,汇率不久将重回平均线附近。

⑤平均线走势从上升趋势逐渐转变为盘局,当汇率从平均线上方向下突破平均线时,为卖出信号。汇率在移动平均线之上,显示价格已经相当高,且移动平均线和汇率之间的距离很大,这意味着价格可能太高,有回跌的可能。在这种情况下,汇率一旦出现下降,即为抛售信号。不过,如果汇率还在继续上涨,那么,可采用成本分摊式的买进,即随着价格上涨程度的提高,逐渐减少购买量,以减小风险。

⑥移动平均线缓慢下降,汇率虽然一度上升,但刚突破移动平均线就开始逆转向下,这可能是汇率下降趋势中的暂时反弹,价格可能继续下降,因此是一种卖出信号。不过,如果汇率的下跌程度已相当深,那么,这种规则就不一定适用,它可能是回升趋势中的暂时回落。因此,投资者应当做仔细的分析。

⑦移动平均线处于下降趋势,汇率在下跌过程中曾一度上涨到移动平均线附近,但很快又处于下降状态,这时是一种卖出信号。一般来说,在外汇市场的下降过程中,常会出现几次这种卖出信号,这是下降趋势中的价格反弹,是一种短期现象。

⑧汇率在平均线上方突然暴涨,向上远离平均线为卖出时机,因为这是超卖现象,汇率不久将止涨,下跌回到平均线附近。

⑨长期移动平均线呈缓慢的上升状态,而中期移动平均线呈下跌状态,并与长期移动平均线相交。这时,如果汇率处于下跌状态,则可能意味着狂跌阶段的到来,这里是卖出信号。需要注意的是,在这种状态下,汇率在下跌的过程中有暂时的回挡,否则不会形成长期移动平均线和中期移动平均线的交叉。

⑩长期移动平均线(一般是 26 周线)是下降趋势,中期移动平均线(一般是 13 周线)在爬升且速度较快地超越长期移动平均线,则可能意味着价格的急剧反弹,是一种买进信号。出现这种情况一般汇率仍在下跌的过程中,只不过中期的下跌幅度要低于长期的下跌幅度。

## 8.6.2 指数平滑异同平均线

### 1)指数平滑异同平均线的原理

指数平滑异同平均线(MACD)又称为指数平滑异同移动平均线,是由查拉尔·阿佩尔

(Gerald Apple)创造的,是一种研判外汇买卖时机、跟踪汇率运行趋势的技术分析工具。MACD指标是根据均线的构造原理,对汇率的收盘价进行平滑处理,求出算术平均值以后再进行计算,是一种趋向类指标。

MACD指标是运用快速(短期)和慢速(长期)移动平均线及其聚合与分离的征兆,加以双重平滑运算而得出的。根据移动平均线原理发展出来的MACD,一则去除了移动平均线频繁发出假信号的缺陷,二则保留了移动平均线的效果,因此,MACD指标具有均线趋势性、稳重性、安定性等特点,是用来研判买卖外汇的时机,预测汇率涨跌的技术分析指标。

MACD指标主要是通过EMA、DIF和DEA(或称MACD、DEM)这三者之间关系的研判,DIF和DEA连接起来的移动平均线的研判以及DIF减去DEM值而绘制成的柱状图(BAR)的研判等来分析判断行情,预测汇率中短期趋势的主要外汇市场技术分析指标。其中,DIF是核心,DEA是辅助。DIF是快速平滑移动平均线(EMA1)和慢速平滑移动平均线(EMA2)的差。BAR柱状图在外汇市场技术软件上是用红柱和绿柱的收缩来研判行情。

**2)指数平滑异同平均线的运用原则**

①当DIF由下向上突破DEA,形成黄金交叉,即白色的DIF上穿黄色的DEA形成的交叉,或者BAR(绿柱线)缩短,为买入信号。

②当DIF由上向下突破DEA,形成死亡交叉,即白色的DIF下穿黄色的DEA形成的交叉,或者BAR(红柱线)缩短,为卖出信号。

③顶背离:当汇率指数逐波升高,而DIF及DEA不是同步上升,而是逐波下降,与汇率走势形成顶背离,预示汇率即将下跌。如果此时出现DIF两次由上向下穿过DEA,形成两次死亡交叉,则汇率即将大幅下跌。

④底背离:当汇率指数逐波下行,而DIF及DEA不是同步下降,而是逐波上升,与汇率走势形成底背离,预示着汇率即将上涨。如果此时出现DIF两次由下向上穿过DEA,形成两次黄金交叉,则汇率即将大幅度上涨。

MACD指标主要用于对大势中长期的上涨或下跌趋势进行判断,当汇率处于盘局或指数波动不明显时,MACD买卖信号较不明显。当汇率在短时间内上下波动较大时,因MACD的移动相当缓慢,所以不会立即对汇率的变动产生买卖信号。

MACD主要是利用长短期的两条平滑平均线,计算两者之间的差离值,作为研判行情买卖之依据。MACD指标是基于均线的构造原理,对收盘价进行平滑处理(求出算术平均值)后的一种趋向类指标。它主要由两部分组成,即正负差(DIF)、异同平均数(DEA),其中,DIF是核心,DEA是辅助。DIF是快速平滑移动平均线(EMA1)和慢速平滑移动平均线(EMA2)的差。

在现有的技术分析软件中,MACD常用参数是快速平滑移动平均线为12,慢速平滑移动平均线参数为26。此外,MACD还有一个辅助指标——柱状线(BAR)。在大多数技术分析软件中,柱状线是有颜色的,低于0轴以下是绿色,高于0轴以上是红色,前者代表趋势较弱,后者代表趋势较强。

### 8.6.3　动向指标

#### 1)动向指标的原理

动向指标(DMI)又称移动方向指数或趋向指数,是 J. Welles Wilder 于 1978 年提出的一种用于判断行情是否已经发动的技术指标。属于趋势判断的技术性指标,通过分析汇率在涨跌过程中买卖双方力量均衡点的变化情况,即多空双方的力量变化受价格波动的影响而发生由均衡到失衡的循环过程,从而提供对趋势判断依据的一种技术指标。

DMI 指标的基本原理是在寻找汇率涨跌过程中,汇率借以创新高价或新低价的功能,研判多空力量,进而寻求买卖双方的均衡点及汇率在双方互动下波动的循环过程。在大多数指标中,绝大部分都是以每一日的收盘价的走势及涨跌幅的累计数来计算出不同的分析数据,其不足之处在于忽略了每一日的高低之间的波动幅度。比如某个股票的两日收盘价可能是一样的,但其中一天上下波动的幅度不大,而另一天汇率的震幅却在 10% 以上,那么这两日行情走势的分析意义决然不同,这点在其他大多数指标中很难表现出来。而 DMI 指标则是把每日的高低波动的幅度因素计算在内,从而更加准确地反映行情的走势及更好地预测行情未来的发展变化。

#### 2)动向指标的运用原则

①DMI 主要应用于判别汇率的走势,一般不使用它的交叉信号作为买卖信号。

②当+DI 从下向上突破-DI 时,即白色的+DI 曲线上穿黄色的-DI 曲线,汇率将上涨;当+DI 从上向下突破-DI 时,即白色的+DI 曲线下穿黄色的-DI 曲线,汇率将下跌。

③当 ADX 脱离 20~30 上行,不论当时的行情是上涨或下跌,都预示汇率将在一段时间维持原先的走势。

④当 ADX 位于+DI 与-DI 下方,特别是在 20 之下时,表示汇率已经陷入泥沼,应远离观望。

⑤当绿色的 ADXR 曲线低于 20 时,所有指标都将失去作用,应果断离市。

⑥在一般的行情中,ADX 的值高于 50 以上时,突然改变原来的上升态势调头向下,无论汇率正在上涨还是下跌都代表行情即将发生反转。此后 ADX 往往会持续下降到 20 左右才会走平。但在极强的上涨行情中,ADX 在 50 以上发生向下转折,仅仅下降到 40~60,随即再度回头上升,在此期间,汇率并未下跌而是走出横盘整理的态势。随着 ADX 再度回升汇率向上猛涨,这种现象称为"半空中转折",也是大行情即将来临的征兆。但在实际操作中仍遵循 ADX 高于 50 以上发生向下转折即抛出持股离场观望,在确认"半空中转折"成立后再跟进的原则。

⑦当+DI 与-DI 相交之后,ADX 随后会与 ADXR 交叉,此时如果行情上涨,将是最后一次买入机会;如果行情下跌,将是最后一次卖出机会。

### 8.6.4　停损指标

#### 1）停损指标的原理

停损指标（SAR）又叫抛物线指标或停损转向操作点指标，其全称叫"Stop and Reveres"，是一种简单易学、比较准确的中短期技术分析工具。SAR利用抛物线方式，随时调整停损点位置以观察买卖点。由于停损点（又称转向点SAR）以弧形的方式移动，故称之为抛物线转向指标。

我们从SAR指标英文全称知道它有两层含义。一是"stop"，即停损、止损之意，这就要求投资者在买卖某个外汇之前，先要设定一个止损价位，以减少投资风险。而这个止损价位也不是一直不变的，其随着汇率的波动而不断调整。如何既可以有效地控制住潜在的风险，又不错失赚取更大收益的机会，是每个投资者所追求的目标。但是外汇市场情况变幻莫测，而且不同的外汇不同时期的走势又各不相同，如果止损位设得过高，就可能出现外汇在其调整回落时卖出，而卖出的外汇却从此展开一轮新的升势，错失了赚取更大利润的机会；反之，止损位定得过低，就根本起不到控制风险的作用。因此，如何准确地设定止损位是各种技术分析理论和指标所阐述的目的，而SAR指标在这方面有其独到的功能。

SAR指标的英文全称的第二层含义是"Reverse"，即反转、反向操作之意，这要求投资者在决定投资外汇前先设定止损位，当价格达到止损价位时，投资者不仅要对前期买入的外汇进行平仓，而且在平仓的同时可以进行反向做空操作，以谋求收益的最大化。

#### 2）停损指标的运用原则

①当汇率从SAR曲线下方开始向上突破SAR曲线时，为买入信号，预示着汇率一轮上升行情可能展开，投资者应迅速及时地买进。

②当汇率向上突破SAR曲线后继续向上运动而SAR曲线也同时向上运动时，表明汇率的上涨趋势已经形成，SAR曲线对汇率构成强劲的支撑，投资者应坚决持仓待涨或逢低加码买进。

③当汇率从SAR曲线上方开始向下突破SAR曲线时，为卖出信号，预示着汇率一轮下跌行情可能展开，投资者应迅速及时地卖出外汇。

④当汇率向下突破SAR曲线后继续向下运动而SAR曲线也同时向下运动时，表明汇率的下跌趋势已经形成，SAR曲线对汇率构成巨大的压力，投资者应坚决持币观望或逢高减码。

### 8.6.5　随机指标

#### 1）随机指标的原理

随机指标（KDJ），是期货和股票市场常用的技术分析工具。它在图表上是由%K和%D两条线所形成的，因此也简称KD线。随机指数在设计中综合了动量观念、强弱指数和移动平均线的一些优点，在计算过程中主要研究高低价位与收市价的关系，即通过计算当日或最近数日的最高价、最低价及收市价等价格波动的真实波幅，反映价格走势的强弱势和超买超卖现象。因为市势上升而未转向之前,每日多数都会偏于高价位收市,而下跌时收市价就常会偏于低位。随机指数还在设计中充分考虑价格波动的随机震幅和中、短期波动的测算,使其短期测市功能比移动平均线更准确有效,在市场短期超买超卖的预测方面,又比强弱指数敏感。因此,随机指数作为外汇市场的中、短期技术测市工具,颇为实用有效。

2)随机指标的运用原则

随机指数是用%K、%D 两条曲线构成的图形关系来分析研判价格走势,这种图形关系主要反映市场的超买超卖现象、走势背驰现象以及%K 与%D 相互交叉突破现象,从而预示中、短期走势的到顶与见底过程,其具体应用原则如下。

①超买超卖区域的判断——%K 值在 80 以上,%D 值在 70 以上为超买的一般标准。%K 值在 20 以下,%D 值在 30 以下,为超卖的一般标准。

②背驰判断——当汇率走势一峰比一峰高时,随机指数的曲线一峰比一峰低,或汇率走势一底比一底低时,随机指数曲线一底比一底高,这种现象被称为背驰。随机指数与汇率走势产生背驰时,一般为转势的信号,表明中期或短期走势已到顶或见底,此时应选择正确的买卖时机。

③%K 线与%D 线交叉突破判断——当%K 值大于%D 值时,表明当前是一种向上涨升的趋势。因此%K 线从下向上突破%D 线时,是买进的信号,反之,当%D 值大于%K 值,表明当前的趋势向下跌落,因而%K 线从上向下跌破%D 线时,是卖出信号。

%K 线与%D 线的交叉突破,在 80 以上或 20 以下较为准确,KD 线与强弱指数不同之处是,它不仅能够反映市场的超买或超卖程度,还能通过交叉突破达到归出买卖信号的功能。但是,当这种交叉突破在 50 左右发生,走势又陷入盘局时,买卖信号应视为无效。

④K 线形状判断——当%K 线倾斜度趋于平缓时,是短期转势的警告信号,这种情况在大型热门股及指数中准确度较高;而在冷门股或小型股中准确度则较低。

⑤另外随机指数还有一些理论上的转向信号:K 线和 D 线上升或下跌的速度减弱,出现屈曲,通常都表示短期内会转势;K 线在上升或下跌一段时期后,突然急速穿越 D 线,显示市势短期内会转向;K 线跌至零时通常会反弹至 20～25,短期内应回落至接近零。这时,市势应开始反弹。如果 K 线升至 100,情况则刚好相反。

## 8.6.6  相对强弱指标

### 1)相对强弱指标的原理

相对强弱指标(RSI),也称相对强弱指数、相对力度指数。相对强弱指数是通过比较一段时期内的平均收盘涨数和平均收盘跌数来分析市场买沽盘的意向和实力,从而作出未来市场的走势。RSI 是由 Wells Wider 于 1978 年 6 月创制的一种通过特定时期内汇率的变动情况计算市场买卖力量对比,来判断价格内部本质强弱、推测价格未来的变动方向的技术指标。

RSI 用于比较数天内某种金融工具价格上涨的平均幅度相对其价格下降的平均幅度。该指数不比较两种证券的相对强弱,而只比较单一金融工具本身价格波动的强弱。运用该指数可找到超买和超卖的信号,以及作为指数的变化方向与金融工具价格变化方向间出现背离的警示。例如,当金融工具的价格下跌而相对强弱指数在上升时,这就是买入的信号。

### 2)相对强弱指标的运用原则

①受计算公式的限制,不论价位如何变动,强弱指标的值均在 0 ~ 100。

②强弱指标保持高于 50 表示为强势市场,低于 50 表示为弱势市场。

③强弱指标多在 30 ~ 70 波动。当 6 日指标上升到 80 时,表示外汇市场已有超买现象,如果继续上升,超过 90 以上时,则表示已到严重超买的警戒区,汇率已形成头部,极可能在短期内反转回转。

④当 6 日强弱指标下降至 20 时,表示外汇市场有超卖现象,如果一旦继续下降至 10 以下时,则表示已到严重超卖区域,汇率极可能有止跌回升的机会。

⑤超买及超卖范围的确定还取决于两个因素。第一是市场的特性,起伏不大的稳定的市场一般可以规定 70 以上为超买,30 以下为超卖。变化比较剧烈的市场可以规定 80 以上为超买,20 以下为超卖。第二是计算 RSI 时所取的时间参数。例如,对于 9 日 RSI,可以规定 80 以上为超买,20 以下为超卖。对于 24 日 RSI,可以规定 70 以上为超买,30 以下为超卖。应当注意的是,超买或超卖本身并不构成入市的信号。有时行情变化得过于迅速,RSI会很快地超出正常范围,这时 RSI 的超买或超卖往往就失去了其作为出入市警告信号的作用。例如,在牛市初期,RSI 往往会很快进入 80 以上的区域,并在此区域内停留相当长的一段时间,但这并不表示上升行情将要结束。恰恰相反,它是一种强势的表现。只有在牛市末期或熊市当中,超买才是比较可靠的入市信号。基于这个原因,一般不宜在 RSI 一进入非正常区域就采取买卖行动,最好是价格本身也发出转向信号时再进行交易。这样就可以避免类似于上面提到的 RSI 进入超买区但并不立即回到正常区域那样的"陷阱"。在很多情况下,很好的买卖信号是:RSI 进入超买超卖区,然后又穿过超买或超卖的界线回到正常区域。不过这里仍然要得到价格方面的确认,才能采取实际的行动。这种确认可以是:a.趋势线的突破;b.移动平均线的突破;c.某种价格形态的完成。

⑥强弱指标与汇率或指数比较时,常会产生先行显示未来行情走势的特性,亦即汇率或指数未涨而强弱指标先上升,汇率或指数未跌而强弱指标先下降,其特性在汇率的高峰与谷底反应最明显。

⑦当强弱指标上升而汇率反而下跌,或是强弱指标下降而汇率反趋上涨,这种情况称为"背驰"。当 RSI 在 80 以上时,价位破顶而 RSI 不能破顶,这就形成了"顶背驰",而当 RSI 在 20 以下时,价位破底而 RSI 不能破底就形成了"底背驰"。这种强弱指标与汇率变动产生的背离现象,通常被认为是市场即将发生重大反转的信号。

和超买及超卖一样,背驰本身并不构成实际的卖出信号,它只是说明市场处于弱势。实际的投资决定应当在价格本身也确认转向之后才作出。虽然在行情确实发生反转的情况下,这个确认过程会使投资者损失一部分利润,可是却可以避免在行情后来并未发生反转的情况下投资者可能作出错误的卖出决定。相对地说,这种错误会对投资者造成更大的损失,因为有时候行情会暂时失去动量然后又重新获得动量,而这时价格并不发生大规模的转向。

### 8.6.7　威廉指标

#### 1)威廉指标的原理

威廉指标(W%R)又称为威廉超买超卖指标,简称威廉指标,是由拉瑞·威廉(Larry William)在 1973 年提出,是目前外汇市场技术分析中比较常用的短期研判指标。

威廉指标主要是通过分析一段时间内汇率最高价、最低价和收盘价之间的关系,来判断外汇市场的超买超卖现象,预测汇率中短期的走势。它主要是利用振荡点来反映市场的超买超卖行为,分析多空双方力量的对比,从而提出有效的信号来研判市场中短期行为的走势。

威廉指标是属于研究汇率波幅的技术分析指标,在公式设计上和随机指标的原理比较相似。两者都是从研究汇率波幅出发,通过分析一段时间内汇率最高价、最低价和收盘价这三者的关系,来反映市场买卖气势的强弱,借以考察阶段性市场气氛、判断价格和理性投资价值标准相背离的程度。

和外汇市场其他技术分析指标一样,威廉指标可以运用于行情的各个周期的研判,大体而言,威廉指标可分为日、周、月、年、5 分钟、15 分钟、30 分钟、60 分钟等各种周期。虽然各周期的威廉指标的研判有所区别,但基本原理相差不多。如日威廉指标是表示当天的收盘价在过去一段日子里的全部价格范围内所处的相对位置,把这些日子里的最高价减去当日收市价,再将其差价除以这段日子的全部价格范围就得出当日的威廉指标。

威廉指标在计算时首先要决定计算参数,此数可以采取一个买卖循环周期的半数。以日为买卖的周期为例,通常所选用的买卖循环周期为 8 日、14 日、28 日或 56 日等,扣除周六和周日,实际交易日为 6 日、10 日、20 日或 40 日等,取其一半则为 3 日、5 日、10 日或 20 日等。

#### 2)威廉指标的运用原则

W%R 指标的一般研判标准主要是围绕 W%R 的数值大小、W%R 曲线形状等方面展开的。

W%R 数值的大小和 KDJ 指标一样,W%R 的数值范围为 0~100。不同的是 W%R 指标是以 0 为顶部,以 100 为底部。

①当 W%R 在 0~20 时,是 W%R 指标的超买区,表明市场处于超买状态,汇率已进入顶部,可考虑卖出。W%R=20 这一横线,一般视为卖出线。

②当 W%R 进入 80~100 时,是 W%R 指标的超卖区,表明市场处于超卖状态,汇率已近底部,可考虑买入。W%R=80 这一横线,一般视为买入线。

③当 W%R 在 20~80 时,表明市场上多空暂时取得平衡,汇率处于横盘整理之中,可考虑持币观望。

④在具体实战中,当威廉曲线向上突破 20 超买线而进入超买区运行时,表明汇率进入强势拉升行情,这是提醒投资者要密切关注行情的未来走势,只有当 W%R 曲线再次向下突破 20 线时,才为投资者提出预警,为投资者买卖决策提供参考。同样,当威廉曲线向下突破 80 超卖线而进入超卖区运行时,表明汇率的强势下跌已经缓和,这也是提醒投资者可以为建仓作准备,而只有当 W%R 曲线再次向上突破 80 线时,投资者才真正短线买入。

W%R 曲线的形状具有以下特点。

①当 W%R 曲线从超卖区开始向上爬升,超过 80 这条买入线时,说明行情可能向上突破,是开始买入的信号。

②当 W%R 曲线从超买区开始向下回落,跌破 20 这条卖出线时,说明行情可能向下反转,是开始卖出的信号。

③当 W%R 曲线由超卖区向上突破 50 这条多空平衡线时,说明汇率涨势较强,可考虑短线加码买入。

④当 W%R 曲线由超买区向下突破 50 这条多空平衡线时,说明汇率跌势较强,可考虑短线加码卖出。

### 8.6.8　布林线

#### 1)布林线的原理

布林线指标(BOLL),其英文全称是"Bolinger Bands",是用该指标的创立人(约翰·布林)的姓来命名的,是研判汇率运动趋势的一种中长期技术分析工具。

布林线指标是美国外汇市场分析家约翰·布林根据统计学中的标准差原理设计出来的一种非常简单实用的技术分析指标。一般而言,汇率的运动总是围绕某一价值中枢(如均线、成本线等)在一定的范围内变动,布林线指标正是在上述条件的基础上,引进了"汇率通道"的概念,其认为汇率通道的宽窄随着汇率波动幅度的大小而变化,而且汇率通道又具有变异性,它会随着汇率的变化而自动调整。正是由于它具有灵活性、直观性和趋势性的特点,布林线指标渐渐成为投资者广为应用的热门指标。

在众多技术分析指标中,布林线指标属于比较特殊的一类指标。绝大多数技术分析指标都是通过数量的方法构造出来的,它们本身不依赖趋势分析和形态分析,但布林线指标却与汇率的形态和趋势有着密不可分的联系。布林线指标中的"汇率通道"概念正是汇率趋势理论的直观表现形式。布林线是利用"汇率通道"来显示汇率的各种价位,当汇率波动很小,处于盘整时,汇率通道就会变窄,这可能预示着汇率的波动处于暂时的平静期;当汇率波动超出狭窄的汇率通道的上轨时,预示着汇率的异常激烈的向上波动即将开始;当汇率波动超出狭窄的汇率通道的下轨时,同样也预示着汇率的异常激烈的向下波动即将开始。

投资者常常会遇到两种最常见的交易陷阱:①买低陷阱,投资者在所谓的低位买进之后,汇率不仅没有止跌反而不断下跌;②卖高陷阱,在所谓的高点卖出后,汇率却一路上涨。布林线特别运用了爱因斯坦的相对论,认为各类市场间都是互动的,市场内和市场间的各种变化都是相对性的,是不存在绝对性的。汇率的高低是相对的,汇率在上轨线以上或在下轨线以下只反映该汇率相对较高或较低,投资者作出投资判断前还须综合参考其他技术指标,包括价量配合、心理类指标、类比类指标、市场间的关联数据等。

#### 2)布林线的运用原则

①布林线指标中的上、中、下轨线所形成的汇率通道的移动范围是不确定的,通道的上下限随着汇率的上下波动而变化。在正常情况下,汇率应始终处于汇率通道内运行。如果汇率脱离汇率通道运行,则意味着行情处于极端的状态下。

②在布林线指标中,汇率通道的上下轨是显示汇率安全运行的最高价位和最低价位。上轨线、中轨线和下轨线都可以对汇率的运行起到支撑作用,而上轨线和中轨线有时则会对汇率的运行起到压力作用。

③一般而言,当汇率在布林线的中轨线上方运行时,表明汇率处于强势趋势;当汇率在布林线的中轨线下方运行时,表明汇率处于弱势趋势。

④当布林线的上、中、下轨线同时向上运行时,表明汇率强势特征非常明显,汇率短期内将继续上涨,投资者应坚决持币待涨或逢低买入。

⑤当布林线的上、中、下轨线同时向下运行时,表明汇率的弱势特征非常明显,汇率短期内将继续下跌,投资者应坚决持币观望或逢高卖出。

⑥当布林线的上轨线向下运行,而中轨线和下轨线却还在向上运行时,表明汇率处于整理态势之中。如果汇率是处于长期上升趋势,则表明汇率是上涨途中的强势整理,投资者可以持币观望或逢低短线买入;如果汇率是处于长期下跌趋势时,则表明汇率是下跌途中的弱势整理,投资者应以持币观望或逢高减仓为主。

⑦布林线的上轨线向上运行,而中轨线和下轨线同时向下运行的可能性非常小,这里就不作研判。

⑧当布林线的上、中、下轨线几乎同时处于水平方向横向运行时,则要根据目前汇率的走势来判断:当汇率前期一直处于长时间的下跌行情后开始出现布林线的3条线横向移动时,表明汇率是处于构筑底部阶段,投资者可以开始分批少量建仓。一旦3条线向上发散则可加大买入力度。当汇率前期是处于小幅的上涨行情后开始出现布林线的3条线横向移动,表明汇率是处于上升阶段的整理行情,投资者可以持币待涨或逢低短线吸纳,一旦3条线向上发散则可短线加码买入。当汇率刚刚经历一轮大跌行情时开始出现布林线的3条线横向移动,表明汇率是处于下跌阶段的整理行情,投资者应以持币观望和逢高减磅为主,一旦3条线向下发散则坚决清仓离场。布林线3条线在顶部横向运动的可能性极小,这里也不作研判。

## 案例分析

### 如何使用"艾略特波浪理论"进行外汇交易?

如图8-96,就是著名的"波浪理论"的创始人——拉尔夫·尼尔逊·艾略特。

经过对股票数据接近75年历史的分析,艾略特发现股市并非杂乱无章地波动着,而是遵循着一定的波动规律震荡。

他认为,如果我们能够准确识别这些重复的价格波动,就能够预期价格下一步的走向,即可帮助交易者预期价格顶点和底部。也源于此,"艾略特波浪理论"(也称"波浪理论")受到交易者的疯狂追逐。

**图8-96　波浪理论创始人——拉尔夫·尼尔逊·艾略特**

如果把"艾略特波浪理论"运用到外汇交易中来,也就意味着在此理论指引下,交易者可以确定入市价格、止损点及执行价格情况。

"波浪理论"提出了5浪模型,在上升和下跌之间转换,称为"推动浪和调整浪"。在上升市场中,有3个推动浪被两个调整浪所分割,而在下跌市场中,有3个调整浪和两个推动浪,如图8-97所示。

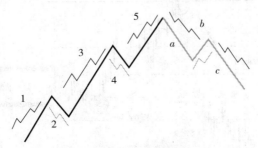

图8-97 5浪模型

最为理想也最可能的情况如下:

我们先从查看波浪开始。价格可能出现了一泄到底的情况,而后开始了新的上行波动。我们暂且将上行的波浪定义为波浪1(Wave 1),将修正浪定义为波浪2(Wave 2),如图8-98所示。

图8-98 波浪1与波浪2走势图

根据波浪理论,我们知道波浪2永远不会超过波浪1的起点水平;波浪2和波浪4频繁地从斐波那契(数列均线)回调水平弹回。

所以在调出斐波那契回调线之后,可以看到价格是否处在该价格水平之上。在图8-99中可以看到,价格真的正好处在50%的区间水平,而这里将会是波浪3(Wave 3)的起点,也就是强劲的做多信号。

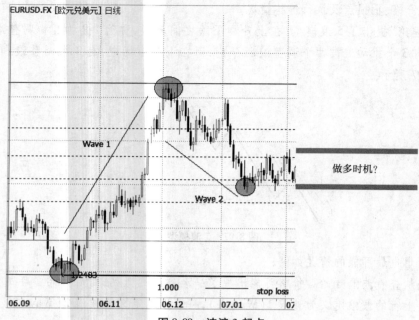

**图 8-99　波浪 3 起点**

根据"艾略特波浪理论",波浪 2 永远不会触及波浪 1 的起点水平,则进而可按照此来确定在前低点水平下方设置止损(stop loss)。

但是价格如果进行了 100% 的修正,那么这样的计算就不准确,当然这就是后话了。此处不再详细讲述。

那么接下来会发生什么呢?"艾略特波浪理论"所言非虚,价格确实出现了大幅上扬,如图 8-100 所示。

**图 8-100　波浪 3 出现价格大幅上升**

这里我们通过"艾略特波浪理论"中的修正浪来查看点位情况。

查看下行波浪的情况,可以看到 $abc$ 三个修正浪在进行震荡修正。这样的情况可能意味着价格或将在波浪 $c$(Wave $c$)尾部开始形成新的推动浪,如图 8-101 所示。

依据艾略特波浪理论,相信下一步将会形成新的推动浪,所以选择做空,如图 8-102 所示。

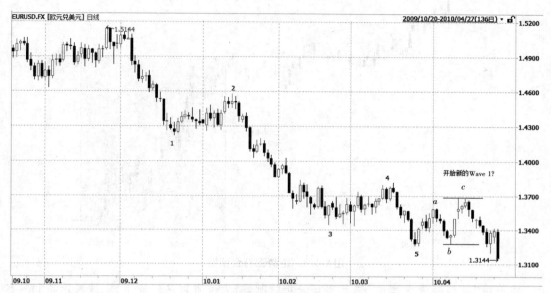

图 8-101 修正浪

图 8-102 做空机会

为了预防出现计算错误的情况,将止损点设置在波浪 4 始点上方几个点位的水平位置。结果是皆大欢喜,交易预期得以实现,进而获得盈利,如图 8-103 所示。

图 8-103　走势图符合预期

在使用"艾略特波浪理论"进行市场分析的时候,大家可以从波浪形态、波浪比率和持续时间这 3 要素来考虑。其中对于波浪形态的掌握是最重要的,这也是"波浪理论"成立的前提条件,只有正确区分形态,才能正确利用"艾略特波浪理论"来预测市场走向。

## 本章小结

1. 外汇技术分析是以预测外汇价格未来走势为目的,以图表形态、技术指标等为手段,对市场展开包括归纳、分析、排除、确认、比较、决策、验证等一系列的思维和研究。

2. K 线图为考察当前市场心理提供了一种可视化的分析方法,它简洁而直观,虽不具备严格的逻辑推理性,但是却有相当可信的统计意义。它真实、完整地记录了市场价格的变化,反映了价格的变化轨迹。

3. 趋势就是价格波动的方向,也是外汇市场运动的方向。当 K 线图日复一日地往后排列时,就形成了连贯的运动轨迹,也就形成了趋势。外汇价格随着时间的推移,会在图表上留下轨迹,这一轨迹呈现出一定的方向性,而方向性反映了价格的波动情况。

4. 外汇形态分析是通过总结和归纳价格图上以往价格的演化形态来预测未来价格走势的一种分析方法。典型的价格演化形态包括两类,一是反转形态,一是持续形态。

5.外汇技术指标是依据一定的统计方法,运用一些复杂的数学计算公式或数量模型,通过计算机系统生成的某种指标值或图形曲线。以技术指标来判断汇价未来走势的分析方法,就是技术指标分析法。当市场行情有明显趋势可寻的时候,用趋向指标(如 MA、MACD、DMI、SAR)最有效果,它们能始终追逐趋势前行;而当市场行情处于盘整或极端高位或低位时,用反趋向指标(如 KDJ、RSI、W%R)则往往能指出行情的转折时机。

## 关键概念

外汇交易技术分析　K 线图　趋势　形态　技术指标　MA　MACD　DMI　SAR　KDJ　RSI　W%R　BOLL

## 本章思考题

**一、单项选择题**

1.技术分析法的基础是(　　　)。
　A.预测汇率　　　　　　　　　　　B.绘制图表
　C.确定影响因素　　　　　　　　　D.准备技术性资料

2.技术分析包括很多种方法,主要是指(　　　)。
　A.机械趋势交易　　　　　　　　　B.线路趋势交易
　C.技术性资料分析　　　　　　　　D.变动趋势交易

3.没有上影线,没有下影线,仅有红体,代表强烈的(　　　)。
　A.升势　　　　　　　　　　　　　B.跌势
　C.最高价与收盘价相同　　　　　　D.最低价与开盘价相同

4.没有上影线,没有下影线,仅有黑体,代表强烈的(　　　)。
　A.升势　　　　　　　　　　　　　B.跌势
　C.最高价与收盘价相同　　　　　　D.最低价与开盘价相同

5.没有下影线,有上影线的阴线,代表(　　　)。
　A.升势　　　　　　　　　　　　　B.跌势
　C.最低价与开盘价相同　　　　　　D.最低价与收盘价相同

6.有下影线,没有上影线的阳线,代表(　　　)。
　A.升势　　　　　　　　　　　　　B.跌势
　C.最高价与开盘价相同　　　　　　D.最高价与收盘价相同

## 二、简述题

1. 技术分析的前提条件有哪些？

2. 请将 K 线图中各种形态的阴线和阳线分别按由弱到强的顺序排列，并说明理由。

3. 试用外汇趋势方法分析 EUR/UDS。

4. 试用外汇形态方法分析 USD/CAD。

5. 移动平均线所发出的买进和卖出信号分别有哪几种情况？

6. 试分析趋向指标 MA、MACD、DMI、SAR 在实际中的应用。

7. 试分析反趋向指标 KDJ、RSI、W％R 在实际中的应用。

8. 试分析压力支撑指标 BOLL 在实际中的应用。

# 参考文献

[1] 都红雯. 国际金融[M]. 北京:高等教育出版社,2013.

[2] 刘园. 国际金融实务[M]. 2 版. 北京:高等教育出版社,2011.

[3] 刘玉操,曹华. 国际金融实务[M]. 4 版. 大连:东北财经大学出版社,2013.

[4] 杨胜刚,姚小义. 外汇理论与交易原理[M]. 2 版. 北京:高等教育出版社,2008.

[5] 张炳达,罗素梅. 国际金融实务[M]. 上海:上海财经大学出版社,2007.

[6] 樊祎斌. 外汇交易实务[M]. 北京:中国金融出版社,2009.

[7] 刘伟,李刚,李玉志. 外汇交易理论、实务、案例、实训[M]. 大连:东北财经大学出版社,2015.

[8] 安辉,谷宇. 国际金融学[M]. 北京:清华大学出版社,2014.

[9] 买建国. 外汇理论与实务[M]. 上海:立信会计出版社,2004.

[10] 人本投资集团外汇投研团队. 外汇交易的 24 堂必修课[M]. 北京:化学工业出版社,2009.

[11] 褚天一. 外汇投资交易快速入门[M]. 北京:中国铁道出版社,2015.

[12] 王立成. 外汇交易技巧与实战图解[M]. 北京:清华大学出版社,2005.

[13] 许戈. 个人炒汇实战 100 例[M]. 长沙:湖南科学技术出版社,2004.